Ioannis Tzivanakis

Schulasthenie

ITV

© 2013 Ioannis Tzivanakis.
Lektorat: Michel Ackermann, Ute Bahn.
Umschlag, Gestaltung, Satz und Layout
Ioannis Tzivanakis Verlag, Hamburg 2013.
www.ioannistzivanakisverlag.com
Printed in Germany.

ISBN 978-3-940493-04-0

Bibliografische Information der Deutschen Nationalbibliothek:
Die Deutsche Nationalbibliothek verzeichnet diese Publikation in
der Deutschen Nationalbibliografie; detaillierte bibliografische
Daten sind im Internet über www.dnb.de abrufbar.

Inhalt

Lernen als *bewusste Aktivität in Freiheit*

1

1.1 Das organismische Ereignis

Am Anfang war das Mysterium. Und das Mysterium war und ist auch in seinem *Anfang* ein Mysterium, denn seine ihm Existenz gebende Ursache ist unbekannt.

Aus diesem Mysterium <u>heraus</u> oder <u>in ihm</u> oder <u>als es</u> entsprang und entspringt alles manifestiert Seiende, die Bewegungskraft des selben und auch der Raum, in dem es sich bewegt. Diese Bewegungs-

Energie: mysteriöse Bewegtheit manifestierter Seinsfülle (energeia = in Arbeit, in Bewegung).

kraft oder Energie bewirkt ununterbrochen Transformationen oder Veränderungen alles manifestiert Seienden. Eine solche ununterbrochene Energietransformation sind auch wir Menschen als lebendige Organismen.

Als lebendige Organismen sind wir Menschen energetische *„Universen"*. Das will sagen, dass wir *sehr große* – im Sinne von ‚sehr vieles Beeinhaltende‘ – energetische Systeme darstellen, die relativ *abgeschlossen* und gleichzeitig relativ *offen* sind. Zugleich erleben wir uns als ein *multiperspektivisches* und *multimotivationales* <u>Subjekt</u>, als ein <u>wahrnehmendes Wesen</u>, als einen <u>psychophysischen Empfänger</u>.

Unser Leben hat viele Facetten. Als erstes (1) sind wir ein *psychophysischer* Organismus: Wir machen Erfahrungen, bei denen wir körperliche, emotionale und geistige Energieverdichtungen sowohl brauchen als auch verbrauchen. Als zweites (2) sind wir *personelle* Orgamismen: wir sind private und gleichzeitig, mehr oder weniger, soziale *Personen*. Aus 1 und 2 ergibt sich die Tatsache, dass wir die unterschiedlichsten Bedürfnisse haben (Multimotivationalität), die unterschiedlichsten Erfahrungen machen und – je nach sich daraus ergebendem Umstand – die unterschiedlichsten Rollen annehmen (Multiperspektivität).

Wir sind Schüler, Lehrer, Patient, Therapeut, Angestellter, Vorgesetzter, Selbstständiger, Partner, Kollege, Freund, Bürger, Forscher, Sohn, Tochter, Vater, Mutter und „unendlich" vieles mehr. Das alles bringt mit sich potentiell eine riesige Welt zum Entstehen, in der wir viele unterschiedliche Bedürfnisse aus vielen unterschiedlichen Perspektiven her empfinden. Die Folge ist ein *hochkomplexes* Leben, d.h. ein Leben in dem es sehr vieles gibt, zu dem wir *in Beziehung stehen* (können) und in dem jede Beziehung, die wir zu jemandem oder etwas erleben, immer wieder *andere Qualitäten* annimmt bzw. annehmen *kann*.

Fernerhin kann sich unser Leben in seiner hochgradigen Komplexität *mehr* oder *weniger* zu unserer Zufriedenheit entwickeln. Je *weniger hoch* unsere Zufriedenheit, umso stärker unser <u>Wunsch und Verlangen nach</u> oder <u>Wille zu</u> einer günstigen *Veränderung*. Doch das ist nicht immer leicht und sehr oft sehr schwierig.

Veränderung, wenn wir sie bewusst (mit)gestalten wollen, findet durch Wachstum oder Transformation unseres Wissens und dadurch unseres Seins statt. Diese Wissens- und Seinsveränderung bezeichne ich als *Lernen*.

> **Lernen**: der Prozess oder die Erfahrung, der/die zu neuem Wissen oder/und Sein führt.

Unabhängig davon, dass Veränderung durch Lernen auch unbewusst, unfreiwillig und passiv stattfinden kann, und dies womöglich weitere, sehr erkenntnisreiche und interessante Inhalte impliziert, möchte ich im Folgenden *die* Form von Lernen hervorheben, die *bewusst, freiwillig* und *aktiv* stattfindet bzw. stattfinden kann; auf eine Weise also, die *die psychische Nahrung* gewährleistet, von der ein *authentisches* Lernen gespeist werden *muss*.

1.2 Das Missverständnis

Mit dem Begriff ‚Lernen' verbindet man heutzutage leider immer noch meistens etwas Unangenehmes, von außen Gefordertes, Gesteuertes, Belastendes. Es ist meine gelebte Erfahrung und daher auch Überzeugung, dass dieses Verständnis von Lernen radikal falsch ist. Genauso spüre ich stark, dass wir uns von diesem negativen Verständnis, zu dem wir durch bestimmte Erfahrungen konditioniert wurden, befreien und *ent*konditionieren sollten.

Unser Verständnis von Lernen als etwas *Unangenehmes* hängt meistens damit zusammen, dass Schule im allgemeinen (Ausnahmen ausgenommen) uns eher mit Unmengen von Stoff überschüttet und mit eindimensionaler und gleichförmiger Didaktik verwirrt, frustriert, und letztendlich unsere Lernmotivation *zuschüttet,* anstatt (1) das, was sie aus uns herausfordern könnte, zu fördern, (2) unsere Lernmotivation durch Autonomie, Selbstbestimmung und Selbstentfaltungsfreiheit zu inspirieren, anzutreiben und zu dynamisieren und (3)

Schulasthenie: die Schwäche oder Schwierigkeit darin, (a) *lerninspirierend* und *lernintelligent* zu wirken oder/und (b) Lerninhalte *angemessen*, d.h. *empfängerzentriert* zu vermitteln.

uns Lernen als eine herausragende Form des instrumentellen Handelns zu vermitteln: als ein überaus wertvolles Werkzeug fürs Leben, das in seiner Funktionalität unentbehrlich ist, weil es Leben *ist* und in seiner reibungslosen Funktionalität den Lebensfluss *natürlicherweise* vorantreibt.

Darüber hinaus erscheint und wirkt Lernen für viele, wenn nicht für die meisten von uns, die die Schule längst hinter sich haben, *beunruhigend,* manchmal sogar *bedrohlich.*

Beunruhigend, weil es uns aus unserer vertrauten Wohlfühl-Befindlichkeit oder eingependelten Gemütlichkeit, in der wir entspannt bzw. passiv und ungestört bleiben wollen, herauszwingen kann, manchmal sogar herauskatapultieren wird! Es weckt das irgendwie unbehagliche Gefühl, etwas tun *zu müssen.* Außerdem könnten alte Gewohnheiten weggedrängt werden, Zeit für persönlich wichtige Sachen könnte uns gestohlen werden.Und *bedrohlich* kann Lernen auch wirken, weil es je nach Lerngegenstand manchmal zu einer solch massiven Veränderung führt, dass unser Bild von uns selbst oder von der Welt ein gänzlich anderes werden kann. Unsere Identität könnte massiv transformiert, wenn nicht gar verwirrend durcheinandergewirbelt werden!

> **Kommunikation**: das Geschehen, in dem Inhalte zwischen empfindungs- und kognitionsfähigen Lebewesen gesendet und/oder empfangen werden.

Doch sowohl die Unruhe als auch die Bedrohung, die vom Lernen ausstrahlen mögen, beruhen auf fundamentalen Missverständnissen, die durch unsere bisherigen negativen Erfahrungen entstanden sind und bewusst oder unbewusst noch in unseren gegenwärtigen Umstand hineinwirken.

Die vorliegenden Gedanken sind ein Plädoyer für *die* Form von Lernen, welche die Merkmale *bewusst, freiwillig* und *aktiv* trägt, weil diese Merkmale am direktesten *das* unterstreichen, was durch Lernen an organismisch *bejahenden* Veränderungen möglich ist, wenn diese Veränderungen in *Freiheit* gewollt, entschieden und erzielt werden können!

1.3 Dimensionen der Selbstbestimmung

1.3.1 Bewusstes Lernen

Mit dem Wort oder Attribut ‚bewusst' meine ich die Eigenschaft *des Wissens*. Anders ausgedrückt: bewusst sind oder tun wir etwas, wenn wir uns in einem Zustand des *Wissens* befinden und zwar des Wissens *darum, was ist* – mit anderen Worten: des Wissens um „unsere" Realität, sowohl im Allgemeinen als auch in jedem einzelnen Moment.

Hiermit meine ich nicht die Realität an sich und will auch nicht in ein tief philosophisches oder gar spirituelles Abenteuer verwickelt werden, sondern ich meine das nach besten Kräften entstehende reale Wissen um das, *was wahrzunehmen möglich ist*: unsere reale Befindlichkeit, unsere realen Gefühle und Gedanken, unsere reale Motivation und Kraft, unsere realen Wünsche und Träume, unsere reale Umwelt oder unsere reale Welt mit all ihren realen Möglichkeiten.

> **Bewusstsein**: das biologische Energiefeld, das die Grundlage jeglichen Spürens und Empfindens für ein Lebewesen ist.

Dieses Wissen um unsere Realität halte ich für eine unabdingbare Qualität sowohl (a) für die Planung und Startphase als auch (b) für die ganze Prozessdauer und, nicht zuletzt, (c) für den Abschluss und Auswertungsmoment von einem Lernen, das *wahr* sein will, d.h. *geglückt und vollständig*.

...Denn nur durch ein vollständiges bzw. reifes *Realitäts*bewusstsein sind wir erst in der Lage, die Gesamtheit unseres Potenzials einzusetzen.

Nicht unerwähnt lassen sollten wir natürlich die Komponente des Merkmales ‚bewusst', die *das Lernen direkt* betrifft. Also schließen wir in dem Merkmal ‚bewusst' auch das Wissen darüber ein, was Lernen ist und wie es *am besten funktioniert!* Durch dieses Wissen sichern wir die Effizienz bzw. Wirkungstiefe unserer Lernfähigkeit und Lernintelligenz insbesondere und unserer Veränderungs- bzw. Transformationskompetenz im Allgemeinen.

1.3.2 Freiwilliges Lernen

Das Merkmal ‚freiwillig' beschreibt *den Ursprung und die Qualität unserer Motivation.*

Entsteht die Energie, die uns antreibt und fürs Handeln entscheiden lässt, in einem Zustand der Freiheit oder nicht? Aus wie vielen Teilen *Authentizität* und aus wie vielen Teilen *Fremdheit* bestehen unsere Motive für Veränderung und Lernen?

Wie viel *Notwendigkeit* mischt sich in die Chemie unseres Tuns? Wie viel Frust und Widerwille attackieren die Diszipliniertheit für Aktivitäten, die längere Zeit erfordern?

Wissen wir, was wir wirklich wollen? Ist uns vollständig bewusst, was uns alles wichtig ist und warum? Erfolgt unsere Handlungsanordnung und -struktur nach einem Prioritätenschema, das aus einer (wenn möglich glas-) klaren Kenntnis des persönlich Wichtigen resultiert? Und gibt es – da wir nicht alle unangenehmen Notwendigkeiten vermeiden können – ein gesundes Gleichgewicht zwischen Wollen und Müssen? Erst das individuell angemessene Beantworten dieser und

Wollen: das Spüren von Motiviertheitsenergie.

Motiviertheit: das Empfinden einer bedürfnisgenerierten Unruhe.

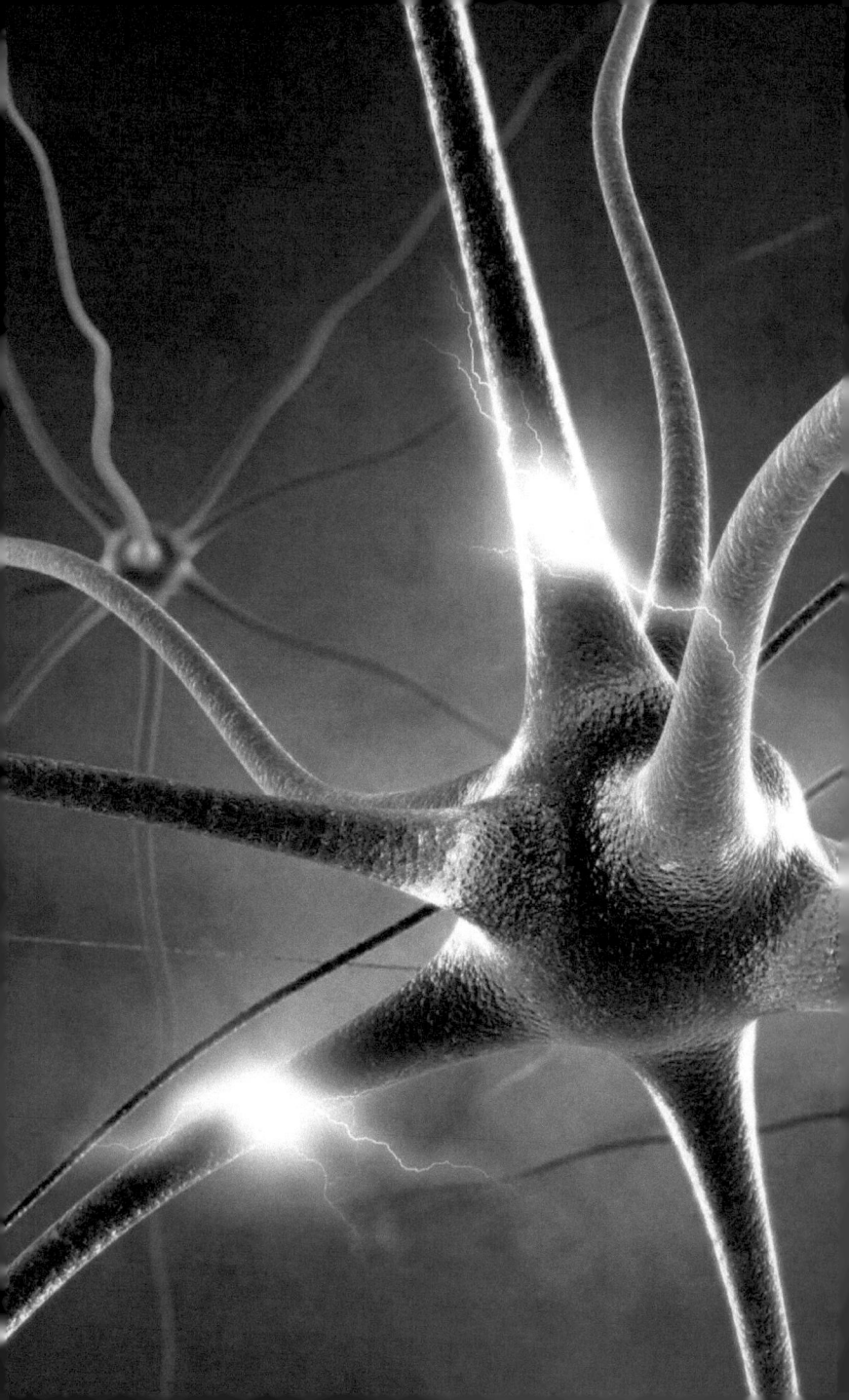

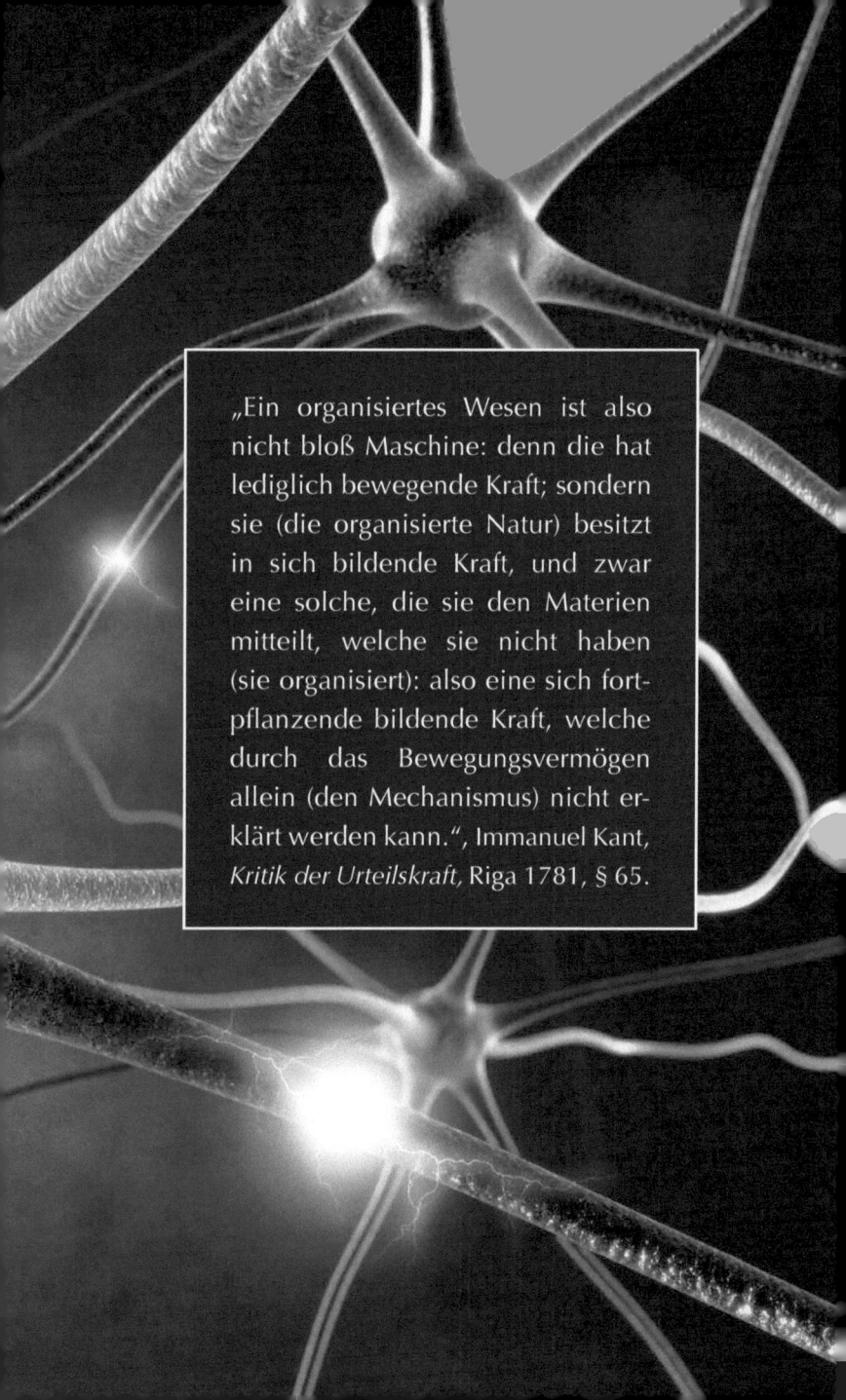

„Ein organisiertes Wesen ist also nicht bloß Maschine: denn die hat lediglich bewegende Kraft; sondern sie (die organisierte Natur) besitzt in sich bildende Kraft, und zwar eine solche, die sie den Materien mitteilt, welche sie nicht haben (sie organisiert): also eine sich fortpflanzende bildende Kraft, welche durch das Bewegungsvermögen allein (den Mechanismus) nicht erklärt werden kann.", Immanuel Kant, *Kritik der Urteilskraft,* Riga 1781, § 65.

ähnlicher Fragen kann Lernen als eine Chance und nicht als eine Last aufklären...

Wir haben uns vielleicht durch unsere schulischen und beruflichen Umstände daran gewöhnt, unabhängig von *unserem Willen zu funktionieren*, will heißen, zu handeln, zu arbeiten, aktiv zu sein, weil wir es müssen, weil es sich gehört, weil wir „keine andere" Wahl haben. Das soll hier natürlich nicht bedeuten, dass wir es erreichen sollten oder könnten, nur noch zu tun, wozu wir nur Lust haben. Nein. Es bedeutet, dass wir entdecken sollten, ob unsere Aktivitäten auf unserer Motivation basieren, d.h. auf dem, was uns *wichtig* ist, und nicht offensichtlich oder versteckt fremdgeneriert sind, und dass wir aufgrund dieser Entdeckung und Motivationskenntnis verändern könnten, was möglich zu verändern ist, beruhend darauf, mit welcher Radikalität wir die Realisierung unserer Wünsche verfolgen wollen und von welchen *realen* – ob natürlichen oder von Menschen vereinbarten – Grenzen so eine Realisierung eingeschränkt werden könnte.

Authentizität: die Seinsweise, die aus der jeweiligen gespürten Wirklichkeit all dessen resultiert, was sich natürlich und ungehindert als unsere gesamte Organismizität ausdrückt: als das „Universum" des Energieflusses des immerwährenden Zyklus von Sein-Spüren-Brauchen-Bekommen-Werden-Sein...

1.3.3 Aktives Lernen

Mit der Eigenschaft ‚aktiv' schließlich will ich *die Art und Weise* des Geschehens beschreiben, welches uns ununterbrochen bestimmt.

Wir sind als lebendige Organismen etwas, das unaufhörlich dem Veränderungsprozess des Werdens unterliegt. Dieses Werden, diese Veränderung finden ohne unseren Willen oder unser Zutun bzw. unabhängig davon statt!

Negativ ausgedrückt: wir sind der Veränderung ausgeliefert. Und wir können so weit gehen und hier ruhigen Gewissens behaupten, dass sich sogar unsere *Identität*, dass Unverwechselbare unserer Person, sich genauso ständig verändert! Ob wir es merken oder nicht... In einem gewissen Sinne sind wir ein Veränderungsprozess. *Wir sind Veränderung.*

Positiv gesehen: Da wir uns sowieso die ganze Zeit verändern, ob wir dabei etwas tun oder nicht (also passiv), haben wir in dem Moment, in dem wir uns unserer selbst und unserer Handlungsmöglichkeit *bewusst* werden, plötzlich die Wahl!... Wir können in die Veränderung, die wir sind – und die sowieso die ganze Zeit passiv stattfindet – eingreifen und sowohl die Richtung als auch die Art und Weise des uns verändernden Werdens bestimmen, in dem wir *aktiv werden*, indem wir *handeln*... Auch wenn manchmal allein das Wissen darüber, welchen passiven Veränderungen wir andauernd unterliegen, für qualitativ positive Wendungen in unserem Leben ausreichend sein kann.

aktiv: bezeichnet den Zustand psychophysischer und meistens zielgerichteter Anwendung der organismischen Kräfte.

Die unumstößlich entscheidende Bedeutung und Wichtigkeit dieser Erkenntnis, nämlich die Veränderungsmöglichkeit unseres Seins durch unser Aktivsein, will ich in dem vorliegenden Kontext mit dem Merkmal ‚aktiv' unterstreichen und hervorheben. Und ‚aktiv' soll hier begriffen und gesehen werden als der Gegenpart und Widersacher sowohl von ‚passiv' als auch von ‚re-aktiv'; wobei das genauere Ge-

genteil von ‚re-aktiv' eher ‚pro-aktiv' wäre: nicht als Abarbeiten akkumulierter Belastung, sondern als *Entfaltung des Angelegten*. Nicht als Kampf, sondern als *Wachstumsdrang*. Nicht als Abwehr, sondern *in Freiheit*.

1.4 Organismisches Spüren

Ich bin zwar nicht passiv, wenn ich reagiere, aber ich bin auch nicht passiv, wenn ich (pro-)agiere und zwar aus freien Stücken und in Übereinstimmung mit meiner Authentizität. Meine Authentizität ist die jeweilige *gespürte* Wirklichkeit all dessen, was sich natürlich und ungehindert als meine gesamte Organismizität ausdrückt: als das „Universum" des Energieflusses des immerwährenden Zyklus von Sein-Spüren-Brauchen-Bekommen-Werden-Sein...

Organismus: ein Lebewesen oder ein komplexes lebendiges System, das aus miteinander zusammenhängenden Elementen besteht, deren Eigenschaften und Beziehungen zueinander von einem *dem Lebewesen/System-als-Ganzem dienenden und diesem innewohnenden* zweckmäßigen (Existenzbestimmungs-) Kompass „entschieden" werden.

Wenn Lernen ein unaufhaltsamer Prozess ist, dessen Fluss in der *Wirklichkeit* begründet sein soll, so können wir diesen Prozess in Gang setzen und in Gang halten, wenn wir als komplexes Leben oder als multidimensionaler Organismus *in Freiheit* (1) atmen, (2) als Sein verweilen und (3) uns immerwährend verwandeln.

Das ist nicht jederzeit leicht. Bewusstheit, Freiwilligkeit und Aktivsein sind Eigenschaften, die erweckt und wach bleiben können, wenn unser Lebensumstand einen *geschützten Spürraum* ermöglicht, indem wir als die multidimensionale *Organismizität*, die wir sind, eine *authentische Orien-*

tierung gewinnen.

Erst im authentisch organismischen Raum können wir spüren, empfinden und unserer Aufmerksamkeit (der Richtung unseres Bewusstseins) freies „Spiel" gewähren, damit in diesem freien Raum die für uns richtigen Fragen entstehen.

DER ORGANISMISCHE „WINK"

Wo bin ich? Was bin ich? Was ist meine Wirklichkeit? Inspiriert sie mich? Erfüllt sie mich?

Wie fühle ich mich? Was spüre ich? Was brauche ich? Was will ich? Wie bekomme ich es?

Muss ich etwas verstehen? Muss ich etwas zulassen? Muss ich etwas verhindern? Muss ich etwas veranlassen? Muss ich etwas tun?

Fühle ich mich überfordert? Brauche ich Erholung? Fühle ich mich verwirrt und benebelt? Brauche ich Abstand, Raum, Klarheit?

Fühle ich mich selbstständig? Habe ich genug Kraft? Brauche ich Hilfe?

Fühle ich mich genährt? Fühle ich mich geborgen? Fühle ich mich als ein stimmiges Ganzes?

Sind diese bzw. solche Fragen befriedigend *beantwortet* oder mindestens ausreichend oder zumindest einigermaßen *gespürt*, dann kann *das Lernen* stattfinden, das *deshalb* bedeutsam ist, weil es die Verwirklichung unserer *Bestimmung* ermöglicht, unseres existentiellen Zweck"designs". Ein *signifikantes* Lernen also; durchtränkt mit persönlicher Bedeutsamkeit und Sinnhaftigkeit.

2

Signifikantes, *persönlich bedeutsames* Lernen

2.1 Quelle und Kompass des Wollens

Die Gesamtheit aller Existenz und Wirklichkeit ist ein unbegrenzbares Mysterium und mit Worten oder Gedanken oder der Totalität unserer Wahrnehmungsmöglichkeiten nicht fassbar. Sie ist aber durch spirituelle bzw. transzendentale oder radikale Authentizität berührbar und je nach Möglichkeiten auch *ontisch* (durch Sein) zugänglich. *Innerhalb* der Gesamtheit aller Existenz und Wirklichkeit gibt es jedoch zahllose Bereiche, die unseren Wahrnehmungs- und Mitgestaltungsmöglichkeiten zugänglich sind. In diesen Bereichen können wir große Teile der pausenlosen Veränderung des Ganzen sowohl wahrnehmen als auch in sie eingreifen; und zwar so, dass wir alle Bedürfnisse, die aus der *natürlichen* Ordnung der Wirklichkeit in uns entstehen, *auch* durch *diese* natürliche Ordnung erfüllen können.

Unsere Wahrnehmungsmöglichkeiten sind unsere physischen (körperlichen) Sinnesorgane und unsere psychischen (geistig-seelischen) Sinnesorgane. Mit diesen Wahrnehmungsmöglichkeiten nehmen wir an der holistischen, d.h. *das Ganze betreffenden* Seinserfahrung teil. Denn wir unterliegen als psychophysische Organismen unaufhörlich und gleichzeitig vielfältigen energetischen Veränderungen. Unter diese von Energie bewirkten Veränderungsarten fallen auch diejenigen, auf die wir mit den Begriffen ‚Erlebnis‘, ‘Erfahrung‘ und ‚Wissensaufbau‘ Bezug nehmen.

Bedürfnis: das Empfinden eines Mangelzustandes und einer damit einhergehenden Unruhe und einer gleichzeitigen Gerichtetheit auf die Beseitigung dieses Mangels.

Erlebnisse und Erfahrungen sind der Grundstoff von

Wachstum und Wissensaufbau oder Wissensveränderung und damit auch von *Lernen*. Doch Wachstum und Lernen können in unterschiedlicher Weise oder/und Richtung verlaufen. Diese Weise oder/und Richtung wird dadurch bestimmt und „entschieden", dass wir passiv oder aktiv, bewusst oder unbewusst und freiwillig oder unfreiwillig mit dem Ganzen aller Seinsveränderungen mitfließen oder an ihm teilnehmen. Wodurch aber wird die Richtung dieses Mitfließens und Teilnehmens bestimmt? Was ist die Schlüssel- oder Wurzelkomponente, die diese drei Merkmale – ‚bewusst', ‚freiwillig' und ‚aktiv' – zunächst überhaupt *ermöglicht* und sie dann zu *einem einzigen Akt* miteinander vereint? Es ist der Zustand des *Brauchens*... Das Brauchen ist *die Quelle* und *der Kompass*.

‚Brauchen' oder ‚Bedürfnis, ist der Begriff mit dem wir ein bestimmtes *Empfinden* bezeichnen.

> **empfinden**: eine energetische Anordnungsweise oder -transformation psychisch oder/und physisch merken.

Es ist das Empfinden eines *Mangelzustandes und der damit einhergehenden Unruhe und gleichzeitigen Gerichtetheit auf die Beseitigung* dieses Mangels. Die *Beseitigung* eines solchen Mangelzustandes bezeichnen wir mit dem Ausdruck: *Erfüllung eines Bedürfnisses*.

2.2 Die Nahrungsrichtungen

Wir müssen unser Leben nicht lange beobachten, um festzustellen, dass wir eindeutig zwischen mehreren Arten von Bedürfnissen unterscheiden können.

Von einem biologisch-natürlichen und daher existentiellen Gesichtspunkt her ist das Trinken von Wasser ein vorrangigeres und deshalb gewichtigeres Bedürfnis als das Trinken von Whisky. In diesem Fall haben wir also nicht mal die Wahl, da dieser Vorrang biologisch schon vorbestimmt ist.

Darüber hinaus können wir auch zwischen unwichtigen, wichtigen und wichtigeren Bedürfnissen unterscheiden anhand von Maßstäben, die sich durch unsere subjektiven Vorlieben herausbilden können, durch die jeweils gegenwärtige biologische, geistige und psychische Phase unserer Persönlichkeitsentwicklung und nicht zuletzt auch durch unseren jeweiligen festen oder flexiblen Lebensentwurf.

Wichtigkeit: die vom Grad seiner Notwendigkeit zur Erfüllung eines Bedürfnisses bestimmte Qualität von etwas.

Wir sind also als lebendige Person in jedem Augenblick eine einzigartige organismische Gesamtheit, die immer durch die Berührung ihres Soseins mit der sie umschließenden Weltvielfalt oder Wirklichkeitspotentialität und -aktualität die unterschiedlichsten Bedürfnisse aus den unterschiedlichsten Gründen entwickeln, erspüren und empfinden kann.

Wir begegnen der Welt durch Erfahrung. In diesem Begegnen kommen wir mit Erlebnisinhalten und -qualitäten in Kontakt, die uns in unserem Sosein und in unserem Wachstums- oder Werdensdrang ansprechen können oder nicht. *Wenn* sie uns als organismische Gesamtheit ansprechen, und zwar hinsichtlich *dessen*, was wir zu bekommen oder zu realisieren *bedürfen*, dann sind sie für uns wichtig, dann sind sie für uns als Person *von Bedeutung*.

Bedeutung *hat* also für uns etwas, *wenn* es in irgendeiner Gewinn bringenden Weise mit unserer Gesamtheit – oder sicherlich auch nur mit einem (sie konstituierenden) Teil von ihr – zusammenhängt, mit ihr in wichtiger Beziehung steht, sich mit ihr verschmelzen und vereinen will. Abhängig vom Grad der Wichtigkeit, die eine Sache für uns hat, werden wir uns entweder wenig mit ihr anfreunden oder sie stark umarmen bzw. *eins* mit ihr werden.

Aus diesen ersichtlichen Gründen verläuft oder fließt Lernen *dann* am erfolgreichsten, je stärker es durch *Wichtigkeit*, *Bedeutung* und *persönlichen Sinn* motiviert wird. Diese graduelle Steigerung der Wichtigkeit von Nahrungsinhalten, die unsere jeweiligen vorhandenen Bedürfnisse *mehr oder weniger* erfüllen (können), nannte Rogers Bedeutungskala (Carl R. Rogers, *Lernen in Freiheit*, 1974 München, Seite 11): Am einen Ende dieser Skala befinden sich Lerninhalte oder -aufgaben, die für eine bestimmte Person wenig Sinn enthalten, wenig Bedeutung haben, daher persönlich unwichtig sind und nur sehr schwer erfolgreiches Lernen initiieren können.

Ein Beispiel dafür wären die zahlreichen Rechtschreibregeln, welche, obwohl sie sicherlich einen technisch und kulturell wertvollen Zweck erfüllen, nicht im Verdacht stehen, persönlich sinnvolle Beschäftigung oder Mitfreude aufzulösen, vor allem dann oder umso weniger, je sinnloser oder *grundloser* sie sind und je *entfernter* von einem logischen und als sinnvoll empfundenen Bezug zu den Gesetzen der Wirklichkeit. Dies ist kein theoretisches Beispiel, sondern von zahllosen Schülern und auch später von im herausfordernden

Emotion: innerer energiegeladener Raum, der aus einem/einer bekannten oder unbekannten Grund/Ursache resultiert, und der, je nach Anteilen und der Art von Erregtheit, Trägheit und Ruhe, eine bestimmte Gestimmtheit/Beschaffenheit der Seinsweise oder/und der Aktivitäts- und Verhaltensbereitschaft eines wertungsfähigen Lebewesens ergibt.

Leben stehenden Erwachsenen aus empfundener Überzeugung zu unterschreiben.

Im Gegensatz dazu und damit am anderen Ende der rogerschen Bedeutungsskala befinden sich Lerninhalte und -aufgaben, die gleichzeitig Lern*bedürfnisse* sind. Als ein Beispiel *dafür* können wir den Fall Isaac Newtons nehmen, der sich – im zarten Schulalter – aus unbändigem Interesse und Wissensdurst nach der Wesensverwandtschaft von Raum und Zeitmessung vielfältige geometrische Strukturen in Wände und Boden hämmerte: „Er ritzte Sonnenuhren in Steine und verzeichnete die von ihren Zeigern geworfenen Schatten auf einer Karte. Dies bedeutete, Zeit als dem Raum wesensverwandt zu sehen, Dauer als Länge, die Länge eines Bogens. Kleine Abstände maß er mit Bindfäden und übersetzte die Minuten einer Stunde in Zoll „ (James Gleick, *Isaac Newton, Die Geburt des modernen Denkens*, 2004 Düsseldorf, S. 18).

autotelisch: bezeichnet einen Prozess oder eine Aktivität, der/die das Ziel seiner/ihrer selbst ist (**auto** = selbst, **telos** = Ziel).

An diesem Beispiel wird persönlich bedeutsames Lernen unmissverständlich deutlich: der Lerngewinn oder der Wissenszuwachs Newtons ist mit seinem selbstinitiierten Handeln verschmolzen und nicht mehr von ihm zu unterscheiden. Er als Ganzes wird die Verkörperung und das Ausleben eines Tuns, das von ureigenem Wissens*bedürfnis* angetrieben wird und *in diesem aufgeht*.

Solche Lernaktivität ist *autotelisch*. Sie ist selbst schon das Ziel ihres Stattfindens, sie ist der Grund ihrer selbst und speist sich vom organismischen Aufblühen, vom sinnhaftigen Vibrieren des personellen Werdestroms...

2.3 Bedeutsamkeit und Aktualisierung

Die Basis der rogerschen Bedeutungsskala des Lernens beginnt mit Lernhandlungen, die ohne persönliche Bedeutung sind, verläuft nach oben mit ein paar Stufen von Lernhandlungen, die geringe, mittlere oder größere persönliche Bedeutung haben, und endet ganz oben mit Lernhandlungen von *größter* Bedeutung.

Lassen wir nun Rogers selbst „die Faktoren etwas genauer definieren, die an einem solchen signifikanten oder auf eigener Erfahrung beruhenden Lernen beteiligt sind:

„Es schließt persönliches Engagement ein – die ganze Person steht sowohl mit ihren Gefühlen als auch mit ihren kognitiven Aspekten *im* Lernvorgang.

Es ist selbst-initiiert – sogar dann, wenn der Antrieb oder der Reiz von außen herrührt, kommt das Gefühl des Entdeckens, des Hinausgreifens, Ergreifens und Begreifens von innen.

Es durchdringt den ganzen Menschen – es ändert das Verhalten, die Einstellungen, vielleicht sogar die Persönlichkeit des Lernenden.

Es wird vom Lernenden selbst bewertet – er weiß, ob es sein Bedürfnis trifft, ob es zu dem führt, was er wissen will, ob es auf den von ihm erlebten dunklen Fleck der Unwissenheit ein Licht wirft. Wir könnten sagen, dass der geometrische Ort des Bewertens zweifelsfrei im Lernenden selbst liegt.

> **autotelisches Lernen:** Lernaktivität, die selbst schon das Ziel ihres Stattfindens ist.

Sein wesentlichstes Merkmal ist Sinn – wenn derartiges Lernen stattfindet, dann ist in der gesamten Erfahrung enthalten, dass der Lernende Sinn darin sieht" (Carl R. Ro-

„Wenn die Philosophie vom Menschen (von seiner Natur, seinen Zielen, seinen Möglichkeiten, seiner Erfüllung) sich ändert, dann ändert sich alles, nicht nur die Philosophie der Politik, der Ökonomie, der Ethik und der Werte, der zwischenmenschlichen Beziehungen und der Geschichte, sondern auch die Philosophie der Erziehung, der Psychotherapie und des persönlichen Wachsens, die Theorie, wie man Menschen helfen kann, das zu werden, was sie werden können und zutiefst werden wollen.", Abraham A. Maslow, *Psychologie des Seins* (1968), Frankfurt a.M. 1985, S. 189.

gers, *Lernen in Freiheit*, 1974 München, Seite 13).

Fassen wir zusammen: signifikantes Lernen (1) wird von der lernenden Person selbst in Gang gesetzt (selbstinitiiert), (2) beansprucht, durchdringt und verändert die lernende Person ganzheitlich (durchdringend), (3) wird vom bewussten Erleben der lernenden Person spürend reflektiert und bewertet (selbstbewertend) und zwar (4) im Hinblick auf sein Vermögen und auf seine Kraft, *das* zu bewirken, was für dieses ganze Lerngeschehen ursächlich ist, nämlich das Erleben von *Sinnhaftigkeit*, d.h. *persönlicher Wichtigkeit*, *persönlicher Bedeutsamkeit* (bedeutsam).

Wir halten fest: wenn das wesentlichste Merkmal signifikanten Lernens, nämlich *Sinn*, gegeben ist, dann aktiviert sich, startet und findet ein Lernen statt, in dem der Lernakteur authentisch und bewusst entscheidet, ganzheitlich zu erleben, zu handeln und - das Ganze selbstbeobachtend – an einer wesensverändernden Erfahrung teilzunehmen.

Freiheit: der Zustand, in dem wir keine Zwänge und/oder Begrenzungen/Einschränkungen und/oder exogene Notwendigkeiten spüren.

Signifikantes Lernen findet statt, wenn es von Sinn, d.h. von persönlich Bedeutsamem angetrieben wird. Bedeutsam ist eine Sache, derer wir gesamt-organismisch *bedürfen*.

Signifikantes Lernen findet statt, wenn unsere eigenen Bedürfnisse und die daraus möglichen Motivationen in einem freien Raum erspürt werden, so dass sie aufblühen dürfen und das Fühlen, Denken und Handeln aktivieren können, welches zu ihrer Erfüllung führt. Wenn ein solcher Prozess kontinuierlich möglich ist, kann sich unsere *Aktualisierungstendenz* vollständig entfalten.

Die Aktualisierungstendenz ist – in den Worten von Rogers – *das Bestreben des Menschen, sich selbst zu aktualisieren, seine Möglichkeiten zu werden.* Damit meine ich eine Gerichtetheit, die sich in allem organischen und menschlichen Leben zeigt: der Drang nach Expansion, Ausdehnung, Entwicklung und Reife; die Tendenz, alle Kapazitäten des Organismus oder des Selbst zum Ausdruck zu bringen und zu aktivieren. Diese Tendenz kann unter Schichten verkrusteter psychischer Abwehrhaltungen tief begraben sein; sie kann hinter aufwändigen Fassaden versteckt liegen, die ihre Existenz verleugnen; ich glaube dennoch aufgrund

erspüren: im frei zugelassenen Bewusstsein feiner oder am feinsten spüren.

meiner Erfahrung, dass sie in jedem Individuum existiert und auf die richtigen Bedingungen wartet, um freigesetzt und ausgedrückt zu werden. Diese Tendenz ist die primäre Motivation für Kreativität, dafür, dass der Organismus neue Beziehungen zur Umwelt herstellt in seinem Bemühen, am vollständigsten er selbst zu sein" (Carl R. Rogers, *Entwicklung der Persönlichkeit*, 1998 Stuttgart, S. 340).

2.4 Organismisches Lernen

Nun öffnet sich hier zwangsläufig die Frage: Wie finden wir *den Zugang* zu den eigenen Motivationen bzw. Bedürfnissen, damit sich unsere Aktualisierungstendenz ungehindert *entfalten* kann? Wie ermöglichen wir das freie Atmen des dafür nötigen Spielraums?

Verlautbaren wir zunächst etwas Selbstverständliches: Jeder Moment auf der Zeitachse unseres Werdens bzw. unserer Entwicklung ist ein für sich einzigartiger Seins- oder Wachstumszustand. Aus ihm ergibt sich der Stand unseres bisherigen Wachstums, der gleichzeitig Möglichkeiten unseres *zukünftigen* Wachstums *beinhaltet*. Doch diese Möglichkeiten können wir nur dann verwirklichen oder aktualisieren, wenn sie durch bestimmte *Erfahrungen berührt und aktiviert* werden. Genauso wie wir auch unsere *bisherige* Entwicklung durch bestimmte Erfahrungen erreicht haben.

Gewiss werden unsere Erfahrungen zur *Gesamtheit* der psychophysischen Anlagen unseres Organismus *hinzugefügt*, um gesamt-organismische Veränderung und Wachstum bewirken zu können. Man kann diese Anlagen DNA nennen oder anders; aber das, was sie sind, ist *nur die Voraussetzung* für Wachstum, welches nur *dann* stattfinden kann, wenn die nötige – sowohl physische als auch erfahrungsgenerierte – Nahrung *hinzugefügt* wird. Unsere Anlagen sind nur eine *Vorraussetzung*; sie werden ohne die nötige Nahrung verkümmern, vertrocknen und absterben.

Leben: Gesamtbezeichnung für inhärent-zweckbestimmte, bewegungs-, veränderungs-, empfindungsfähige, selbstorganisierende, stoffwechselnde und sich fortpflanzende Körper, Gebilde oder Wesenheiten.

Wachstum benötigt eine dreifache Nahrung: einmal *die physische*, dann *die psychische*, also die geistig-seelische, und *die empirische*, also diejenige, die uns durch Erfahrung mit dem Reichtum des Seins füttert.

Wachstum bedeutet hier nicht nur ‚*mehr* werden‘, sondern auch das Fortschreiten des *holistischen* (ganzheitlichen, alles einschließenden) Werdens unserer menschlichen Existenz, das die *vollständige Verwirklichung unserer Bestimmung* bedeutet.

Alle drei für das Wachstum erforderlichen Nahrungsarten wachsen kontinuierlich. Die empirische, *durch Erfahrung entstehende* Nahrung beinhaltet zwar die anderen zwei Nahrungsarten, weist aber Merkmale und Eigenschaften auf, die ihr einen <u>schwer erfassbaren, weil gigantischen</u> bzw. „unendlichen" (wenn auch begrenzten) Radius bescheinigen.

DAS „UNENDLICHE" ERFAHRUNGSUNIVERSUM

„Als psychophysische Organismen nehmen wir bedingt teil an der Gesamtheit der bedingten psychophysischen Wirklichkeit. Das bedeutet, dass unseren Erfahrungs- und Wissensmöglichkeiten *nur ein Teil von allen Möglichkeiten* zur Verfügung steht. Das geschieht, weil wir *begrenzte* Wesen sind, so wie jede andere psychophysische bzw. bedingte Entität (existierende Energiegeformtheit oder Wesenheit) begrenzt ist.

Unser begrenzter Erfahrungs- und Wissenshorizont hat zur Folge, dass auch der *Bereich* begrenzt ist, in dem wir das finden wollen und können, was wir zur Erfüllung unserer Bedürfnisse brauchen.

Doch diese Begrenztheit ist in ihrem Radius nicht immer automatisch gegeben, sondern ergibt sich aus der *Kombination* (a) <u>der objektiven Begrenztheit aller Möglichkeiten</u> *mit* (b) <u>dem zeitlich jeweiligen Stand unseres Erfahrungs- und Wissenshorizonts aller Möglichkeiten</u> *und* (c) <u>dem uns raumzeitlich verfügbaren Bereich innerhalb des Gesamtbereichs aller Möglichkeiten</u>.

Wenn ich z.B. Durst habe und mir weder Wasser noch ein sonstiger Trunk zur Verfügung stehen, so wird der Erfolg der Erfüllungssuche meines Durstlösch-Bedürfnisses von (b) meiner *Kenntnis* aller essbaren und *wasser*haltigen Substanzen (Früchte etc.) abhängen, *kombiniert* mit (a) der Gesamtheit aller *vorhandenen* diesbezüglichen Möglichkeiten und (c) meinem raumzeitlichen *Standort.*

So nutzt es mir z.B. nicht, wenn ich eine wasserhaltige Pflanze kenne, die *nicht* im Radius meines „momentanen" raumzeitlichen Standortes *vorhanden* ist...

Meine *Erfolgschancen* (zur Erfüllung von Bedürfnissen) *erhöhen sich* also durch das *Erschließen größeren Wissens* und die *Erweiterung raumzeitlicher Zugänglichkeit.*

Auch wenn es schwierig oder unmöglich ist, *alle* Erfüllungsmöglichkeiten unserer Bedürfnisse zu kennen, ist es jedoch immer möglich, diese Möglichkeiten durch Erweiterung unseres Erfahrungs- oder/und Wissenshorizonts zu *vermehren.*"

(Ioannis Tzivanakis, *Über das Entscheiden*, Lernintelligenz-Magazin, Nr. 2, Hamburg 2007, S. 22-23)

Wir müssen/können also Erfahrungen machen und sammeln und dadurch Maßstäbe oder Standards entwickeln, mit denen wir die Empfindungsqualität eines jeweiligen Erlebnisses vergleichen können, um festzustellen, wie frei, wie lebendig und wie *restlos ganz* wir uns dabei fühlen, wie *restlos zufrieden* wir dabei sind.

Wenn wir also unsere authentischen Bedürfnisse erspüren wollen, dann können wir sie nur identifizieren, indem wir das, was wir in einem bestimmten Moment empfinden, mit einem Zustand vergleichen, der uns durch eine vergangene Erfahrung vertraut ist: je nachdem, wie stark oder schwach wir diesem Zustand ab- oder zugeneigt sind, wird ein entsprechendes Bedürfnis entstehen.

Wie können wir denn von uns erwarten, Motivation für etwas zu entwickeln, was wir nicht durch erspürte und durchlebte Erfahrung kennen? Und ist diese Erkenntnis nicht gleichzeitig Motivation genug, *um offen zu sein* für das Universum der Erfahrung, dieser „unendlichen" Mutter, die unserem manifestierten Sein mit einer imposanten Vielfalt transformativer „Speisen" immerwährend zuwinkt?

Neben der Offenheit für Erfahrung, die uns mit *dem Wissen des möglich Spürbaren* ausstattet, benötigen wir noch *das Vermögen*, ein vorhandenes Bedürfnis *auch zu spüren*.

> **Organismizität**: organismische Wirklichkeit, Potentialität und Intelligenz.

Wir können ein oder mehrere Bedürfnisse dann sicherer erspüren und uns *derer bewusst* werden, wenn wir unter geeigneten Umständen das Spür-, Empfindungs- und Bewusstseinsvermögen unseres *gesamten Organismus* zulassen. Nur eine *gesamt*-organismische Weisheit des Empfindens kann uns das richtige Identifizieren von vorhandenen Bedürfnissen zusichern, da ihr *teilhaft*-organismisches Empfinden eine ganze Bandbreite von leichten Unzufriedenheiten bis hin zu krankhaften Leidenszuständen verursachen kann. Den hierzu notwendigen Akt nennt Rogers *organismisches Spüren*. Durch solches Spüren wird jedem Menschen möglich, „seinem ganzen Organismus, bei gleichzeitiger Einschaltung seines bewussten Denkens, zu erlauben, jeden Reiz, jedes Bedürfnis und jedes Verlangen wie auch sein relatives Gewicht und seine relative Intensität abzuwägen und auszubalancieren. Dieses komplexe Abwägen und Ausbalancieren ermöglicht es ihm, die Handlungslinie zu entdecken, die der Befriedigung aller seiner langfristigen und seiner unmittelbaren Bedürfnisse in der gegebenen Situation am nächsten kommt" (Carl Rogers, *Entwicklung der Persönlichkeit*, 1998 Stuttgart, S.124).

Signifikantes Lernen ist ein Lernen *in Freiheit*. Signifikantes Lernen ist organismisch-weises Lernen. Signifikantes Lernen ist ein Prozess, der von der *authentischen Innerlichkeit* und der *gesamtlebendigen Vibration* des Lernenden aktiviert wird und aufrechterhalten bleibt. Signifikantes Lernen ist deshalb *organismisches* Lernen.

Organismisches Lernen in Freiheit ist nicht bloß eine instrumentelle Aktivität zur Erreichung bestimmter Ziele, sondern der lebendige und uneingeschränkte Ausdruck eines Werdens, eines In-Fluss-Seins, das ungehindert auf seine Bestimmung hin gerichtet ist. Es ist *eine Art zu „reisen"* und damit ein Zustand existentieller Fülle während des Fließens mit der Wirklichkeit. Es wird von unserer gesamt-organismischen Intelligenz gesteuert und findet bzw. gelingt am besten durch eine gesamt-organismische Erfahrung.

organismisches Lernen: durch die gesamt-organismische Intelligenz gesteuerte und durch gesamt-organismische Erfahrung generierte Wissens- und/oder Seinsveränderung.

Die organismische Intelligenz entsteht durch das Spüren *der Wirkung* alles Geschehens oder aller Zufuhr unterschiedlich psychophysischer Nahrung – ob Wasser oder Liebe, ob Tun oder Ort – auf unser Wohlbefinden *als Ganzes* und nicht *auf einen* von allen uns-als-Organismus-konstituieren-

"Wir sind genetisch mit einer Tendenz ausgestattet, stur zu sein gegenüber Autoritäten, besonders in unseren Jugendjahren, um unseren innewohnenden Charakter vor Diktatoren, Lehrern, missbrauchenden Stiefeltern oder Werbekampagnen der Regierung zu schützen."

"Freiheit besteht darin, Deine eigene Vorbestimmtheit auszudrücken, nicht die eines Anderen. Es ist nicht Vorbestimmtheit, die den Unterschied macht, sondern dass es die eigene ist. Wenn Freiheit das ist, was wir vorziehen, dann ist es wünschenswerter, von Kräften bestimmt zu werden, die in uns entstehen und nicht in Anderen."

(eigene Übersetzung aus: Matt Ridley, *Genome*, New York, 2006, S. 304 und S. 313)

den Aspekten. Sie wächst und der Grad ihrer Effektivität wird erhöht, wenn wir *Erfahrungen* machen, die unser organismisches Wachstum aber nicht (nur) durch *Häufigkeit* und *Quantität*, sondern durch *Beschaffenheit* und *Qualität* fördern. **Erfahrung** ist das große „Fahrzeug" des Lernens. Sie dient der Realisierung unserer Aktualisierungstendenz dann am weisesten, wenn sie in **Freiheit** entdeckt, vollzogen und realisiert wird. Unterstützt werden kann und *muss* sie *zusätzlich* von unserer **Fähigkeit zu verstehen**, die der Grundzug aller Intelligenz *schlechthin* ist, und von unserer Fähigkeit, Komplexes auf seine Einfachheit runterzubrechen und zweckmäßig zu **organisieren**. Folgen wir *diesen vier Prinzipien*, werden wir *Aktualisierungsexperten*.

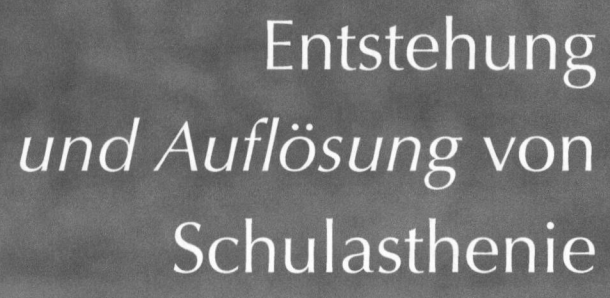

Entstehung *und Auflösung* von Schulasthenie

3

3.1 Was ist Schulasthenie?

Die Bedeutung der Fähigkeit-zu-lernen ist nicht hoch genug einzuschätzen. Doch damit ist nicht gleich gesagt, dass diese Fähigkeit die *essentiell* wichtigste Voraussetzung für ein zufriedenes Leben ist. Nach meiner bisherigen Lebenserfahrung ist die wichtigste essentielle Voraussetzung für ein zu-*frieden*-es Leben unsere *grundsätzliche* Einstellung, unsere *Grundgestimmtheit* zu/gegenüber der Gesamtheit all dessen, was uns äußerlich oder innerlich ausmacht, umgibt, berührt, beeinflußt und bewegt.

Lernintelligenz: die Fähigkeit zu (1) dem ganzheitlichen Erkennen, Wahrnehmen, Fühlen und Verstehen (1.1) der eigenen authentischen Motivation, (1.2) der authentischen Wirklichkeit und (1.3) des Verhältnisses der eigenen authentischen Motivation zur authentischen Wirklichkeit, (2) dem vollständigen Entwerfen einer lebendigen Strategie zur Harmonisierung dieses Verhältnisses und (3) dem unerschütterlichen Vollziehen der entworfenen Strategie.

Ein zufriedenes Leben, will heißen ein Leben in-*Frieden* oder ein be-*fried*-igendes Leben, ist nur und immer dann möglich, wenn wir *an der organismischen Wurzel unserer Existenz motivational ausgeglichen sind.* Motivationale Ausgeglichenheit wiederum erfordert nicht nur, dass wir die Vielfalt all unserer Bedürfnisse erfassen, verstehen und effizient befriedigen, sondern die unerschütterliche und lebendige Gewissheit, *aus dem Vollen* zu leben.

Das Volle bzw. der *Zustand der Fülle* ist das Ergebnis radikal authentischen Lebens, weil erst Authentizität ein *zwangsfreies* Leben ermöglicht und weil erst die *Abwesenheit* von Zwängen uns die Genährtheit *durch das Natürliche* anzapfen läßt.

Befinden wir uns erstmal im Zustand der Fülle, dann wird auch die *Fähigkeit zu lernen und damit unsere Organismizität zu entfalten* etwas Einfaches. Denn dann ist sie erleichternd *funktional* und nicht eine zu erleidende *Last.* Dann ist sie das Instrument, das wir durch unsere Erfahrung durchleuchten und spielerisch *und* gezielt nutzen können, um die Notwendigkeiten unseres Menschseins zu entdecken und zu meistern und auch seine Möglichkeiten zu erfahren und zu realisieren. Diese *Instrumentalität* und alle Möglichkeiten, die sie eröffnet, machen die *Sinnhaftigkeit* der Lernfähigkeit aus.

Die Geschwindigkeit der Wissensgenerierung oder die Veränderungsdynamik des Wissensvolumens unserer Lebenswelt hat

> **Dynamik**: Intensität, Schwung und Kraft einer stillen Potentialität oder eines sich in Bewegung befindenden Geschehens.

oft Züge und Tendenzen, die unvorstellbar sind und sehr wohl eine Befindlichkeitslage – will heißen: ein Gefühl oder einen Zustand – des „Darin-Ertrinkens" hervorrufen können.

Wir müsssen uns von den stattfindenden Veränderungen zwar nicht beeindrucken lassen; denn viele von ihnen sind überflüssig, viele destruktiv und viele illusorisch. Doch viele sind auch wahr und womöglich zeitlich fällig. Deshalb ist es notwendig, zu wissen, was zu tun ist.

Wir wollen doch den Veränderungen und den turbulenten Entwicklungen nicht einfach hinterherhecheln... Wir wollen ein sinnhaftes und erfülltes Leben *inmitten* aller Veränderung. Und damit das möglich ist, benötigen wir einen *Navigations*kompass. Er sollte immer anzeigen können, wo wir uns befinden, wohin wir wirklich wollen und welche Route die richtige ist.

DIE WISSENSARBEITER

"...Die neue auftauchende Gruppe sind die »Wissensarbeiter«.

...Die Wissensarbeiter werden in der Wissensgesellschaft nicht die Mehrheit stellen. Doch in vielen Ländern, zumindest in den meisten entwickelten Ländern, werden sie die größte Einzelgruppe in der Bevölkerung und unter den Beschäftigten sein. Und selbst wenn sie zahlenmäßig von anderen Gruppen übertroffen werden, werden die Wissensarbeiter den Charakter und das soziale Profil der entstehenden Wissensgesellschaft prägen. Und sie werden die Führungsgruppe in dieser Gesellschaft stellen. Möglicherweise werden sie nie die *herrschende* Gruppe der Wissensgesellschaft sein, doch sie sind bereits heute die *führende*.

...Die Bildung wird in der Wissensgesellschaft eine zentrale Funktion übernehmen und die Schule zur wichtigsten Institution dieser Gesellschaft aufsteigen. Welches Wissen muss allen vermittelt werden? Welche Wissensmischung benötigen alle?"

(Peter F. Drucker, *Was ist Management?*, München 2002, S. 352, 355)

Sollten wir uns einen solchen Kompass wünschen, so wären die Fragen, *ob wir ihn schon haben* und, wenn nicht, *wie wir ihn finden*, augenblicklich spürbar. Und zwar nicht nur, um im eigenen Lebens- und Arbeitsbereich fortzubestehen, sondern auch, um Sinn und Erfüllung zu erfahren.

Sinn und Erfüllung haben unser Sein, Fühlen, Denken und Handeln nur dann, wenn sie auf einem authentischen

Leben beruhen. Auf einem Leben also, das von der reinsten
– eine extrem hohe Maxime, ich weiß... – Quelle der Wirklichkeit direkt gespeist wird. Denn *so ein* authentisches Leben *liegt* an der Wurzel unserer Existenz.

Authentisch leben wir, wenn wir wissen, was wirklich
ist, was *wirklich* existiert und was wir als Organismus an
Nahrung, Erfahrung und Entfaltung *wirklich* brauchen;
und authentisch leben wir, wenn unsere gesamte Existenz
diesem Wissen des Wirklichen – und deshalb wahrhaft Natürlichen – vollständig entspricht, ja sogar mit ihm identisch
oder eins ist. Wie äußert sich das konkret? Wann entsprechen wir mit unserer gesamten Existenz dem Wirklichen?

Mit 'Wissen des Wirklichen' ist sicher nicht ein Wissen
gemeint, das von jeglichem Kon-
struktivismus (selbsterschaffene
Welt– und Wirklichkeitswahr-
nehmung) unabhängig und deshalb objektiv ist, sondern ein auf
unserem Sinnesvermögen beruhendes phänomenologisches (sub-
jektiv-bewusst erlebbares) und ein
auf unserem sowohl gewöhnlichen
als auch feineren bzw. intimsten
Spür- und Intuitionsvermögen beruhendes *existentielles* Wissen. *Dieses Wissen erst* ermöglicht authentisches Leben.

Intelligenz: natürlich abrufbares gespeichertes *Wissen*
gepaart mit der *Fähigkeit* des
Durchschauens/Verstehens/He-
rausfindens/Erlernens/Wissens
von etwas Neuem *für sich* und
in seinen möglichen Beziehungen *zu Anderem*.

Das Ergebnis authentischen Lebens ist *der Zustand der
existentiellen Fülle*. Diese existentielle Fülle *ist* oder *soll der
Kompass sein*, mit dem wir *durch die* oder *mit der* Bewegung
der Wirklichkeit navigieren oder mittreiben.

Reicht es aber aus, über diesen Kompass zu verfügen?
Nein, weil er uns nur das Wissen der „vier Himmelsrich-

tungen" der Wirklichkeit schenkt; was keineswegs wenig ist, aber zum Navigieren selbst nicht ausreicht.

Wenn also die unaufhörliche *Bewegung der Wirklichkeit* (= *Veränderung*) einen ununterbrochenen Welt- und Realitäsumschwung bewirkt, so brauchen wir außer dem *Kompass* zum Navigieren oder "Mittreiben" auch die *funktionelle* bzw. *instrumentelle Fähigkeit* des Navigierens oder "Mitfließens" selbst! Diese Fähigkeit, die ich *Lernintelligenz* genannt habe, „ist die psychophysische Software zu:

Wissen: natürlich abrufbare und zu-etwas-befähigende lebendige Information oder Gesamtheit von Informationen.

1. dem ganzheitlichen Erkennen, Wahrnehmen, Fühlen und Verstehen

1.1 der eigenen authentischen Motivation,

1.2 der authentischen Wirklichkeit und

1.3 des Verhältnisses der eigenen authentischen Motivation zur authentischen Wirklichkeit,

2. dem vollständigen Entwerfen einer lebendigen Strategie zur Harmonisierung dieses Verhältnisses und

3. dem unerschütterlichen Vollziehen der entworfenen Strategie."

(Ioannis Tzivanakis, *Lernintelligenz – Eine Einführung*, Lernintelligenz-Magazin Nr. 0, Hamburg 2006, S. 20).

Diese Fähigkeit können wir sowohl allein entdecken und anwenden als auch durch die Hilfe anderer. Die Hilfe anderer brauchen wir besonders dann, wenn wir aufgrund unseres jungen Alters oder einer gegebenen Unerfahrenheit bzw. eines fehlenden Wissens und Vermögens in einem bestimmten Gebiet darauf angewiesen sind, in erwünschten oder notwendigen Bereichen eine gewisse *Schulung* zu bekommen: eine Schulung also *darin, wie Lernen in bestimmten Gebieten oder mit bestimmten Zielen erfolgreich verlaufen kann,* und oft dann auch, *wie Lernen überhaupt funktioniert...*

Die Tätigkeit ‚Schulen‘ oder ‚Schulung‘ im vorliegenden Kontext bedeutet nicht nur die Tätigkeit von Lehrern in herkömmlichen staatlichen oder privaten Schulen, sondern jede Tätigkeit in jedem privaten, beruflichen, geschäftlichen oder institutionellen Kontext jeglicher Art, in dem einer oder mehrere einen oder mehrere Andere in etwas *schulen*: so wirken oder tätig sind, das die Geschulten lernintelligente Hilfe, Unterstützung und/oder Wissen darin und darüber bekommen, wie die eigenen Lernbedürfnisse organismisch *weise* zu realisieren sind. Ob dies Ärzte, Therapeuten, Berater, Eltern oder Schulende jeder Art sind.

Entspricht eine Schulung den Prinzipien intelligenten Lernens (siehe ‚Lernintelligenz‘-Definition), so ist sie *schulintelligent.* Verletzt sie jedoch diese Prinzipien, so

interpersonell: betrifft das psychophysische Geschehen zwischen Personen.

ist sie *schulasthenisch.* Schulasthenie besteht in der Schwäche/Schwierigkeit darin, (a) *lerninspirierend* und *lernintelligent* zu wirken oder/und (b) Lerninhalte *angemessen,* d.h. *empfängerzentriert* zu vermitteln.

Lerninspirierend kann man wirken, wenn *man selbst inspiriert ist* beim Lernen und Schulen; wenn man als Schulender *inspiriert und begeistert ist* vom Inhalt und Gegenstand dessen, worin man schult, denn *man kann nur das lebendig schulen, was einen selbst lebendig macht und in Fülle versetzt.* Ist das nicht gegeben, so verkommt Schulen *und* Lernen einerseits zu einem gekünstelten Geschehen und andrerseits zu einem bürokratisch stressvoll gestalteten Abarbeiten fremdinitiierter Inhalte.

Was man zweitens als Schulender beherrschen muss, ist ein zweifaches Wissen: (1) wie Lernen am besten funktioniert und (2) wie dies jemandem am besten vermittelt wird...

Schulasthenie also entsteht *dann nicht*, wenn der Schulende (a) in etwas schult, *was er liebt,* (b) allgemeine *Lernintelligenz* besitzt und (c) *interpersonelle* Lernintelligenz besitzt, d.h. *empfängerzentriert*-lernintelligent vermitteln und wirken kann. Umgekehrt entsteht Schulasthenie, wenn diese schulinteligenten Prinzipien *verletzt* oder *nur teilweise* oder *gar nicht angewandt* bzw. *praktiziert werden.*

Schulintelligentes Wissen mag *in seiner Absolutheit oder Vollständigkeit* utopisch oder unrealistisch klingen oder erscheinen, besonders für alle, die durch schulasthenische Erfahrungen *Gegenteiliges* erlebt haben und manchmal sogar darin auf schädliche Weise *konditioniert* wurden... Die Wahrheit jedoch, d.h. die unbezweifelbare *Wirklichkeit* schulintelligenten Wissens – eine Wirklichkeit, *die so ist, wie sie ist* – kann deshalb *nicht negiert werden.*

Realität: alles, was existiert.

Auch wenn schulintelligentes Wissen gegen bestimmte Grundprinzipien, Auffassungen oder weltanschauliche, ethische oder gesellschaftliche „Gesetze", Gewohnheiten oder Lebensformen stoßen mag, seine Wahrheit entspringt aus den *Gesetzen der Wirklichkeit.* Schulasthenie findet *immer dann und dort statt, wenn und wo die Grundprinzipien* eines von unserer *Aktualisierungstendenz gesteuerten* Lernens – und daher *in Wirklichkeit gegründeten* Lebens – *verletzt werden.* Diese (vier) Grundprinzipien bezeichne ich als *Schulasthenie-Korrekturschlüssel.*

3.2 Schulasthenie-Korrekturschlüssel
Freiheit

Vor einem Vierteljahrhundert wurde mir bewusst, dass
ich *verspannt* durch die Gegend laufe. Seitdem habe ich immer dann, wenn und soweit es die Umständen zugelassen
haben, versucht, mich *nicht* – ohne gute Gründe – anzu-
spannen. Der Wirklichkeit sei (inzwischen) Dank, die mich
darin „freundlich begleitet" hat...

Nun, allein der Versuch, sich
nicht anzuspannen, birgt schon
ein Anspannen in sich. Darüber
hinaus gehört eine ganze Menge

Empathie: die Fähigkeit, den Zustand eines anderen Lebewesens zu fühlen.

Intelligenz bzw. Wissen oder feines Spürvermögen dazu, zu
erkennen, welche Umstände Anspannung *wirklich* notwendig machen und welche Umstände dies nur *illusionär*, aus
einem *Missverständnis* heraus erfordern.

Eine der größten Schwierigkeiten nämlich, *problematische* Anspannung zu erkennen, sind gewisse moderne
Süchte, die wir alle entwickelt haben und die uns glauben
machen, dass Anspannung Energie ankurbelt, uns leistungs-
fähiger macht, ganz zu schweigen von dem "belebenden"
Gefühl, mit Adrenalin durchtränkt zu werden; sei es durch
Kaffee oder Ähnliches, sei es durch seltsame mentale Tech-
niken oder Menschenmanipulationen.

Nicht zu schweigen von den sogenannten Tugenden, die
ich bei so vielen meiner Klienten oder Auszubildenden als
tief eingraviert erlebt habe, dass z.B. ‚gut sein' *schnell sein*
und/oder *viel schaffen/leisten* heißt, was unweigerlich zu
Anspannung führen muss, da ein menschlicher Organismus
aus dieser Not heraus über seine Grenzen gehen muss... Das

„...Wir lernen am besten, wenn wir, nicht andere, entscheiden, was, wann, wie, aus welchen Gründen und mit welchen Zielen wir zu lernen versuchen sollten; wenn wir, nicht andere, letzten Endes die Leute, die Materialien und Erfahrungen auswählen, von denen und mit denen wir lernen; wenn wir, nicht andere, beurteilen, wie leicht oder schnell oder gut wir lernen und wann wir genug gelernt haben; und vor allem wenn wir die Ganzheit und Offenheit der uns umgebenden Welt und unsere eigene Freiheit, Kraft und Tauglichkeit spüren.", John Holt, *Kinder lernen selbstständig*, (1970) Weinheim & Basel 1999, S. 84.

sind „Tugenden", die so einverleibt sind, dass sie Anspannung zu einem „natürlichen" Zustand transmutiert haben...

Eine weitere Schwierigkeit, *problematische* Anspannung zu erkennen, ist ein unklares Differenzieren zwischen den zwei Formen von Stress: dem Eustress und dem Distress.

Der *Eustress*, der gute Stress also, ist die natürliche Spannkraft des Lebensflusses in unserem ganzen Wesen.

Der *Distress*, der schlechte Stress, ist die Vergiftung unseres ganzen Wesens, die aus dem Missachten und dem Verdrängen des natürlichen Fühlens, Denkens und Handelns resultiert und der dadurch „eingeklemmten" *Freiheit*.

Selbstbewusstsein: das sich-selbst-Spüren eines Ichs.

Leistung, Geschwindigkeit, Konkurrenz und Natürlichkeitsblindheit *gedeihen* in der modernen Welt und haben die meisten erfasst. Es ist unter solchen Umständen nicht verwunderlich, Eustress und Distress *durcheinanderzubringen*. Doch *gut* ...ist es deshalb immer noch nicht.

Lernen geschieht in dem Tempo, in dem die gesamte Natur schwingt; alles andere ist Gewalt. Nicht nur handeln und leben wir ungesund, wenn wir die natürliche Schwingungsweise missachten, sondern wir verpassen auch das Wichtigste: die Fähigkeit, das Leben in seiner ganzen Pracht zu spüren und in seine wahre Intelligenz einzudringen.

Ich betrachte den entspannten, d.h. *organismisch freien* Zustand, als die *wichtigste* Befindlichkeit und Voraussetzung fürs Lernen. Warum?

Der entspannte, freie Zustand besteht nicht in irgendeiner gewollten Tiefenentspannung oder sonst noch einer erzwungenen bzw. durch Arbeit herbeigeführten Entspannung. Er besteht in dem (psychisch und physisch) *natür-*

lichen Zustand. Was ich "tun" muss, um in diesen Zustand zu "kommen", ist nichts zu tun, außer mein ganzes körperliches, geistiges und seelisches Wesen in seiner *Natürlichkeit* und *Freiheit* zuzulassen! Natürlichkeit und Freiheit zulassen bedeutet *nicht anspannen!*

Warum also ist der entspannte/freie Zustand so wichtig fürs Lernen? Weil *nur in ihm* alle unsere Anlagen aufblühen können. Weil *nur in ihm* unsere Intelligenz ihr volles Potential entfalten kann, da jede (di-)stressige Anspannung Teile unserer Intelligenz unterdrückt. Weil wir uns *nur in ihm* wohl fühlen, da wir uns in ihm *natürlich* fühlen. Weil wir *nur in ihm* das höchste Maß unseres *Spür*vermögens erreichen. Weil er der effektivste und lückenlose Wohlfühl- und Lernintelligenzspiegel und -kompass ist, da wir (eigentlich) wissen (müssen): wenn wir während des Lernens (di-)stressig anspannen (müssen), dann läuft etwas faul!

Identität: die raumzeitlich-einmalig angeordnete oder konfigurierte einheitliche Energieform, die etwas zu dem macht, was es ist.

Ich werde nie vergessen, wie offen, weich und Leben atmend das Gesicht einer meiner Klientinnen (in unseren ersten Stunden) aussah, solange sie entspannt war, und die „schmerzhafte" *Verunstaltung* dieses Gesichts, immer wenn sie beim Lernen nicht weiterkam und durch *Anspannung* dagegen kämpfte. Es war unerträglich schmerzhaft, zuzuschauen. Und es war nicht unbedingt leicht, sie ins entspannte Lernen zu führen, denn ihre Anspannungsgewohnheit *als Handlungsstrategie* bei Lernproblemen war bis zu dem Zeitpunkt (sie war dreizehn Jahre alt!) zu einem häßlichen und Kräfte fressenden Monster herangewachsen. Woher kam diese Gewohnheit, diese Handlungsstrategie? Ich gehe davon aus, dass sie sie nicht selbst entdeckt, geschweige denn entschieden hatte... Dieses Verhalten war und ist bei allen, die es kennen, eine schulasthenische Konsequenz...

Wie ich vorhin erwähnte, war es vor einem Vierteljahrhundert, als ich vom Leben den Wink bekam, mich nicht anzuspannen, wenn es keinen *guten* Grund dafür gibt und ich war und bin dankbar für diesen Wink, ...auch wenn durch den und im entspannten bzw. freien Zustand nicht immer nur *Angenehmes* hochkommen, fließen und atmen will; denn oft drücken sich in der organismischen Freiheit auch Schmerz, Agonie, Sorge aus... Das ganze Emotionsspektrum ist in einem solchen Zustand möglich. Doch was auch immer sich in diesem Zustand ausdrückt, es ist *immer wahr...*

Aktualisierungstendenz: der innewohnende Drang, das, was von Natur aus in uns angelegt ist, so zu entfalten, zu realisieren und zu sein, wie es von der naturgesetzlichen Wirklichkeit berührt, genährt und dynamisiert wird.

Wahres Lernen geschieht im Rhythmus und im Tempo der Wirklichkeit oder des Natürlichen. Das kann geschehen, wenn wir als der Organismus, der wir sind, losgelöst von unserer Reaktivität und Leistungszwanghaftigkeit, im natürlich freien Leben und Sein ruhen und aufgehen und so genährt eine Aktivität in Bewegung setzen, die unser Innerstes berührt und zugleich die Wirkung dieser Berührung durch das Ausleben unserer Veranlagungen ausdrückt. Durch so eine Aktivität vollzieht sich erst wahres Lernen, natürliches Lernen, freies Lernen, nährendes Lernen.

Alle in uns vorhandenen und echten Veranlagungen wurden uns von der Natur gegeben, um entfaltet zu werden. Neugier, Wissensdurst, Liebe zum Leben, das Wunder

unserer vielschichtigen Lebendigkeit, unser natürlichstes
Bedürfnis nach Fülle und Glück... Alle diese Eigenschaften
und Qualitäten machen den unaufhörlichen und unstill-
baren Motor unserer natürlichen Motivation aus, welche
nichts anderes als der Zustand der Bewegtheit-zu-etwas-hin
und somit in der Essenz mit dem Leben-an-sich gleichzuset-
zen ist: immerwährende und durch Bewegung sich-selbst-
transformierende Energie.

Lernen stellt eine Aktivität oder ein Geschehen dar, die/
das erstens sowieso unbewusst abläuft: dadurch, dass wir leben, erleben, erfahren wir immerwährend Neues, was automatisch immerwährend neues Wissen und Sein bedeutet;
und zweitens, indem wir es uns während seines Geschehens
bewusst machen, wertvollste Möglichkeiten bietet. Je mehr,
tiefer und gründlicher wir uns der
Struktur der Veränderung gewahr
werden, die wir in der Existenz
fortlaufend durchlaufen und der
wir unterliegen, desto tiefer und
kraftvoller werden wir in Wirklichkeit und Freiheit verankert!

Selbst/Ich: die *alles Wahrgenommene und Erlebte emp-
fangende/einschließende* und
*sich als die eigene Identität
erlebende Energie-Ausdehnung*
eines ausreichend entwickelten
Organismus.

Nicht nur in einem *Schulungs-
prozess*, nicht nur während jedes
Schulens ist der entspannt und freie Zustand unabdingbare
Voraussetzung für das natürliche Gelingen von Lernen. *In
jedem* unserer Kommunikationsprozesse mit anderen – und
auch mit uns selbst! – ist organismische Freiheit *„heilig“*.
Denn alles andere ist Gewalt; sehr oft ungewollt, ja, sehr oft
unbeabsichtigt, ja; doch Gewalt bleibt es...

Schulasthenie-Korrektur im ersten Schritt bedeutet, dass
der Schulende den Geschulten *fühlt*, und zwar so, dass <u>jede</u>

VOLLKOMMENES BEZOGENSEIN

"Im realistischen Sinn reagieren und antworten bedeutet, dass ich mit allen meinen menschlichen Kräften, mit denen ich leiden, mich freuen, die Wirklichkeit verstehen kann, antworte. Ich antworte dann auf einen Menschen so, wie er ist; mein Erleben des Anderen orientiert sich an dem wie er ist und bestimmt meine Antwort. Ich reagiere nicht mit meinem Gehirn oder mit meinen Augen und Ohren. Ich antworte vielmehr mit meiner ganzen Person, so wie ich bin. Ich denke mit meinem ganzen Körper und sehe mit meinem Herzen. Antworte ich auf ein Objekt mit den realen in mir vorhandenen Kräften, mit allen, die eben die Fähigkeit zur Antwort haben, dann hört das Objekt auf, Objekt zu sein. Ich werde eins mit ihm und bin kein bloßer Beobachter mehr. Ich höre auf, sein Richter zu sein. Zu dieser Art von Antwort kommt es in einer Situation vollkommenen Bezogenseins, in der der Sehende und das Gesehene, Beobachter und Beobachtetes eins werden, obwohl sie gleichzeitig zwei bleiben."

(Erich Fromm, *Authentisch leben,* Freiburg i.B. 2000, S. 146)

Emotion des Geschulten so gut *wie möglich* fühlend *wahrgenommen*, jeder Schmerz des Geschulten so gut *wie möglich* vom Schulenden *gespürt wird*. Wird dies beachtet, so waltet automatisch eine höhere Intelligenz. Nennen wir sie Harmonie? Sympathie? Liebe? Nicht ihr Name ist wichtig, sondern ihre Bedeutung und Vorhandenheit. Denn diese Intelligenz erst bewahrt die organische *Freiheit* des Lernenden. Nur sie ermöglicht (1) die Berücksichtigung der *Bedürfnisse* des

Lernenden, (2) die Entfaltung des individuellen Spektrums der zeitlich jeweiligen *Aktualisierungstendenz* des Lernenden und daher – nicht zuletzt – auch (3) *unseren motivational richtigen Umgang* mit dem Lernenden.

Ist dieses von einem Schulenden zu erwartende Wissen, Bewusstsein und Vermögen eine *hohe* Maxime? Nein, es ist die *selbstverständliche* Maxime. Sie erscheint uns vielleicht hoch, doch nur weil wir zu dieser Wahrnehmung oder Wertung konditioniert wurden...

Die organismische Freiheit als der Zustand und die Voraussetzung des Spürens und des Verwirklichens unserer Aktualisierungstendenz ist der weiseste Kompass sowohl *intrapersonell* für jeden von uns als auch – und im vorliegenden Kontext *insbesondere* – in unserem *interpersonellen* Umgehen *mit Anderen*. Im schulenden Kontext muss sie als das „heilige" *Recht* des Geschulten uns *die Richtung* und *die Weise* unseres schulenden Vorgehens *vorgeben*.

organismische Freiheit: der Zustand, in dem wir als freies Ich/Selbst existieren und die ungehinderte Realisierung unserer Aktualisierungstendenz spüren.

3.3 Schulasthenie-Korrekturschlüssel
Erfahrung

Während des Verlaufs unseres Lebens erleben wir die verschiedensten Veränderungen. Es ereignet sich ständig etwas, es geschieht dauernd etwas. Ob in der uns äußeren Welt oder in unserer Innenwelt, unser Erlebnisstrom ist, abgesehen vom einen oder anderen Aussetzer wie tiefem Schlaf oder geistiger Abwesenheit, unaufhörlich. Wir befinden uns in einem höchst pluralistischen und mehrdimensionalen

Veränderungskontinuum, in dem wir Veränderungen, die uns geistig, psychisch oder körperlich direkt oder indirekt beeinflussen, wahrnehmen können oder nicht, erfassen und verstehen können oder nicht, bewusst erleben können oder nicht. Was für einen Unterschied macht es, ob wir eine uns betreffende Veränderung wahrnehmen oder nicht?

Alle Veränderungen, die wir erleben, d.h. an denen wir bewusst beteiligt sind, sind unsere *Erfahrungen*. Von einer Erfahrung, die durch eine bestimmte Veränderung möglich wird, sprechen wir dann, wenn wir als bewusst erlebende Person mit unserem Bewusstein auf etwas Bestimmtes fokussiert sind, unsere

phänomenologisch: die Dimension des Erlebten, so wie dieses uns (subjektiv) bewusst erscheint.

Aufmerksamkeit auf etwas richten. Denn *nur dann* nehmen wir etwas wahr. Nur dann *erleben* wir etwas. Nur dann haben wir eine *Erfahrung*. Alles andere erleben wir nicht.

Der Einwand, dass wir auch dann etwas erfahren, während wir uns z.B. in tiefem Schlaf befinden oder als noch Ungeborene im Bauch unserer Mutter, weil unser sinnliches Wahrnehmungsvermögen dabei auf alle möglichen uns unbewussten Reize reagiert und in uns bestimmte Vorgänge oder Prozesse verursacht, ist zwar berechtigt, allerdings können wir von solchen Fällen nicht sagen, dass wir als Ich oder Subjekt etwas *erleben*, sondern dass dies von unseren Sinnen registriert bzw. verarbeitet wird. Und wir als lebendiger Organismus *sind zwar* auch unsere Sinne, aber wir als erlebendes *Ich* sind *nicht* unsere Sinne, sondern nur empfangendes *Bewusstsein* oder, anders ausgedrückt, nur bewusste Subjektivität.

Auch unsere sprachliche Sinnhaftigkeit erlaubt es nicht,

zu sagen: „Ich habe eine ganze Menge im Bauch meiner Mutter erfahren, aber ich weiß nicht, was" oder „Gestern schlief ich draußen und ich hab zwar nichts von der frischen Luft mitgekriegt, aber es war eine tolle Erfahrung, sie eingeatmet zu haben." Solche Formulierungen sind eine logische Unmöglichkeit.

Selbstverständlich wären Erfahrungen Erlebnisse, die wir in der Vergangenheit unbewusst „erlebt haben" und die wir jetzt in der Gegenwart bewusst erleben oder, anders formuliert, eigentlich jetzt erst erleben, weil sie z.B. durch hypnotische Regression oder eine sonstige psychophysische „Gedächtnis"aktivierung *jetzt* in unserem Bewusstsein ablaufen. Für Erfahrungen jedoch, die wir nicht gemacht haben, weil wir sie nicht bewusst erlebt haben, führe ich hier als notwendigen Kompromiss den technischen Begriff <u>unbewusste Erfahrungen</u> ein. Mit unbewusster „Erfahrung" meinen wir somit jede *unbewusst* „erlebte" Veränderung.

Somit definiere ich Erfahrung als: eine erlebte, d.h. *bewusst erlebte* Veränderung, und zwar durch unsere organismische *Berührung von* und *Teilnahme an* der Bewegung der Wirklichkeit – sei dies indirekt, also durch wahrnehmende Beobachtung einer Veränderung, eines Geschehens (ich beobachte die aufsteigende Freude von jemandem), oder direkt, also durch unmittelbare Teilnahme an einer geschehenden Veränderung (am Aufsteigen von Freude, die ich jetzt spüre).

Notwendigkeit: das, was geschehen oder vorhanden sein muss, damit etwas Anderes geschehen oder vorhanden sein kann.

Mit ,*Erfahrung*' meine ich also immer etwas *bewusst* Erlebtes. Erfahrung beinhaltet deshalb automatisch die Eigen-

„Ich bin ... überzeugt davon, dass Schüler und Studenten im allgemeinen eher motiviert sind, etwas zu lernen, wenn sie verstehen, warum es nützlich ist, es zu beherrschen. Viele der Ziele, die den instrumentalen Wert eines Stücks Wissen bestimmen, sind keineswegs so geheimnisvoll, dass die Schüler sie nicht verstehen könnten. Das betrifft nicht nur die prosaischen materiellen Bedürfnisse des Alltags, sondern ebenso die Schaffung des inneren Gleichgewichts auf der abstrakten Ebene der individuellen Organisation der Erfahrungswirklichkeit.", Ernst von Glasersfeld, *Radikaler Konstruktivismus,* Frankfurt a.M. 1997, S. 284-285.

schaft ,bewusst'; diese Eigenschaft ist ihrem Wesen eigen.

In allen anderen Fällen, in denen wir also etwas „erleben", was wir nicht mitbekommen, weil es in einer uns unbewussten Weise stattfindet, sprechen wir von einem unbewussten „Erleben" oder von einer unbewussten „Erfahrung" erst im Nachhinein, da eine früher unbewusste und deshalb bis zu einem *sie-erlebenden Zeitpunkt* nicht-existente Erfahrung jetzt in unserem Bewusstsein auftaucht und ab jetzt existiert!

Mit jeder neuen Erfahrung erweitern und bereichern wir uns in unserem Sosein in unterschiedlichster Hinsicht. Wir eignen uns neue Kenntnisse an, wir erwerben neue Fähigkeiten, wir verändern unsere Einstellungen, die Qualität unserer Wahrnehmung oder Intelligenz kann aufgewertet werden, das Wohlbefinden unseres Körpers kann sich verbessern oder verschlechtern, unser Verständnis von bestimmten Situationen kann sich vertiefen, unser seelischer Frieden kann ausgeweitet oder auch gestört werden, unsere Beziehung zu anderen Menschen kann sich transformieren, unser gesamtes Weltbild, unser fundamentaler Existenzmodus kann sich wandeln.

bewusst: die Seinsweise, die das Erlebende in das Wissen seiner Faktizität einschließt und so vom erlebenden Ich gewusst wird.

Das soll nicht heißen, dass wir uns nur durch Erfahrungen, also bewusst Erlebtes, verändern, denn es ereignen sich ständig unzählige Veränderungen, die uns in unserem Sosein körperlich, geistig und seelisch transformieren und nicht vom Radius unseres Bewusstseins erfasst werden bzw. sogar überhaupt nicht von unserem Wahrnehmungsvermögen erfasst werden können! Zum Beispiel Geräusche, die unseren Schlaf stören, Wetterveränderungen, die uns Kopfschmerzen bereiten, oder neurochemische Prozesse in unserem Gehirn, die in uns Gedanken und Gefühle erzeugen. Mit anderen Worten: Mit *jeder Erfahrung*, die wir machen, *verändern wir uns*, aber wir erfahren nicht *jede Veränderung*, die uns wiederfährt oder mit, in oder um uns geschieht.

Wenn wir nun durch eine Erfahrung, d.h. durch eine bewusst erlebte Veränderung, zu neuem – was bedeuten würde zusätzlichem oder halt auch nur verändertem – Wissen oder/ und Sein gelangen, dann bezeichnen wir den Prozess, der uns zu diesem neuen Wissen geführt hat, mit dem Begriff ‚Lernen‘. Lernen ist der Prozess, der uns zu neuem Wissen oder/und Sein führt. Wobei neues Wissen zunächst sowohl neue Kenntnisse als auch Fähigkeiten und neues Sein; *neue Existenzweisen* bedeuten kann: Kenntnisse wie die Namen von Hauptstädten oder fremdsprachliche Vokabeln oder Telefonnummern, Fähigkeiten wie Lesen, Klavierspielen, das Leiten von Gesprächen, das verständnisvolle Umgehen mit Menschen oder das Management von einem Unternehmen, und Existenzweisen wie ein qualitativ neuer Zustand des Mitgefühls, des Wahrnehmens, des Fühlens, um nur einige Beispiele zu nennen...

Aktivität: psychophysische, meist zielgerichtete Anwendung der organismischen Kräfte.

Es gibt also Veränderungen, die wir bewusst erleben und die ich ‚Erfahrungen‘ genannt habe, und Veränderungen, die wir zwar nicht bewusst erleben, die uns aber trotzdem verändern, weil sie von einer anderen Dimension der lebendigen Totalität, die wir über ein empfangendes Bewusstsein hinaus sind, erfahren werden, wie unser Gehirn, unser Nervengewebe und so fort.

In anderen Worten, es gibt Erfahrungen, die wir als *be-*

wusste Person machen, und Erfahrungen, die wir als *nicht bewusste Körper-Geist-Seele-Totalität* machen. Aus diesem Grund sollten wir auch von bewusstem und unbewusstem Lernen sprechen. In beiden dieser Fälle von einem Lernereignis, sowohl also durch bewusste als auch durch unbewusste Erfahrungen, kann unser Wissen, d.h. unsere Kenntnisse und Fähigkeiten, oder/und unser Sein verändert werden.

organismische Intelligenz: das aus dem Spüren *der Wirkung* allen Geschehens oder aller Zufuhr unterschiedlicher psychophysischer Nahrung auf unser Wohlbefinden *als Ganzes* und *nicht auf einen* von allen uns-als-Organismus-konstituierenden Aspekten generierte Wissen und Vermögen.

Ich betone hier bewusst das Wort ‚kann‘, denn nicht jede Erfahrung verändert unser Wissen/Sein; zumindest nicht merklich. Eine Erfahrung kann unser Wissen/Sein sowohl unberührt oder so gut wie unverändert lassen als auch verändern. Und verändern kann Verschiedenes bedeuten. Es kann das Erweitern bzw. Vergrößern unseres Wissens/Seins bedeuten, es kann das Transformieren der Qualität bzw. der Eigenschaften unseres Wissens/Seins bedeuten und in manchen Fällen kann es sogar das Verringern unseres Wissens/Seins bedeuten, wenn es z.B. um Kenntnisse geht, die nach Jahren vergessen werden, um Fähigkeiten, die durch fehlende Praxis verlernt werden, oder um Seinszustände, die sich nicht mehr einstellen lassen oder wollen... Somit könnten wir von quantitativer und qualitativer Wissens- und/oder Seinsveränderung sprechen, wobei sich Quantität und Qualität auch gleichzeitig verändern können. Schauen wir uns diesbezüglich ein paar Beispiele an.

Eine exzellente Radfahrfähigkeit wird sich entweder gar nicht bzw. nur bedeutungslos gering verändern, geschweige denn verbessern, wenn wir bloß ein x-wiederholtes Mal um den Block fahren, um Brötchen zu holen. Genauso sieht es aus, wenn wir zum zehntausendsten Mal ein Glas Wasser aus der Küche holen oder den Namen Paris als Kenntnis der Hauptstadt Frankreichs hören oder sehen. Alles also Erfahrungen, die unser Wissen in einem bestimmten Bereich nicht oder kaum verändern. In allen diesen Fällen findet also Lernen nicht statt, sondern höchstens eine Vertiefung einer längst „zur Reife" abgeschlossenen Konditionierung.

Deshalb möchte ich nur dann von ‚Lernen' sprechen, wenn eine Erfahrung, die wir als Person durchleben, unser Wissen und/oder Sein durch eine bestimmte Quantität oder/und Qualität verändert. Lernen wäre demnach eine *wissens- und/oder seinsverändernde Erfahrung*. Und eine Erfahrung ist um so mehr *seinsverändernd*, je mehr sie über bloße Kenntnisse als auch Fähigkeiten hinaus auch gesamte *Seinskonfigurationen* bewirkt. Was ist eine Seinskonfiguration?

Alles, was mich, d.h. mein Sein, ausmacht, ist ein Komplex unterschiedlichster psychophysischer Facetten. So ein bestimmter Facettenkomplex ist eine bestimmte Seinskonfiguration, weil eine bestimmte Angeordnetheit einer Anzahl von bestimmten Facetten oder Komponenten auf eine bestimmte *Art und Weise* angeordnet bzw. aufgebaut ist. Dieser bestimmte Aufbau, diese *so konstruierte Konstruktion* ergibt mein Sosein, meine Art und Weise, zu sein.

Erfahrung: bewusst erlebte Veränderung durch organismische *Berührung* des Selbst *von* und *Teilnahme* des Selbst *an* der Bewegung der Wirklichkeit.

Also beinhaltet *Wissen* nicht nur *Kenntnisse* (z.B. „der Everest ist der höchste Berg") und nicht nur *Fähigkeiten* (z.B. „unter schwierigen Situationen im Großen und Ganzen entspannt bleiben zu können"), sondern auch mehrere *seinskonfigurative* Komponenten oder Dimensionen: Erkenntnisse, Einsichten, Wahrnehmungsfilter, unterschiedliche Wahrnehmungsperspektiven, kognitive, sinnliche und sensitive Landkarten und Muster oder Systeme, Vorlieben, Gewohnheiten und Tendenzen, Priorisierungen, Einstellungen, Qualitäten des psychophysischen Erlebens und Empfindens, unterschiedliche Abstraktionsebenen und Metaräume, unterschiedliche Intuitions-, Wirklichkeits- und Existenztiefen. Diese seinskonfigurativen Dimensionen stellen nicht nur eine weitere Form des Wissens dar, sondern die höchste und vollständigste, da sie unsere Art des *Seins* bestimmt, die *dem*, was wir wissen, gespürter- und existentiellerweise *vorausgeht*.

Im folgenden führe ich vier Arten des Wissens ein: Es gibt (A) das **funktional-kognitive** Wissen: Dazu gehören (1) sowohl **bloß passive Kenntnisse** (Paris ist die Hauptstadt von Frankreich) als auch (2) **kognitiv erschlossene Kenntnisse** (ich verstehe den Unterschied zwischen Bruch- und Dezimalzahlen). Und es gibt (B) **das transformativ-ontische** (durch Erleben und Sein entstehende) Wissen: Dazu gehören (3) sowohl **multidimensionale Fähigkeiten** (z.B. Radfahren oder Gesprächsführung) als auch (4) **seinskonfigurative Inhalte** (z.B. kontemplatives Musikhören oder intuitives Einfühlungsvermögen). Diese vier Arten des Wissens, da sie uns auf unterschiedlich starke Weise verändern, werden vier entsprechenden Tiefen zugeordnet, wie in der folgenden Abbildung dargestellt.

Veränderung: quantitative oder/und qualitative Umwandlung oder Transformation energetischer Anordnungen oder manifestierter Konfigurationen.

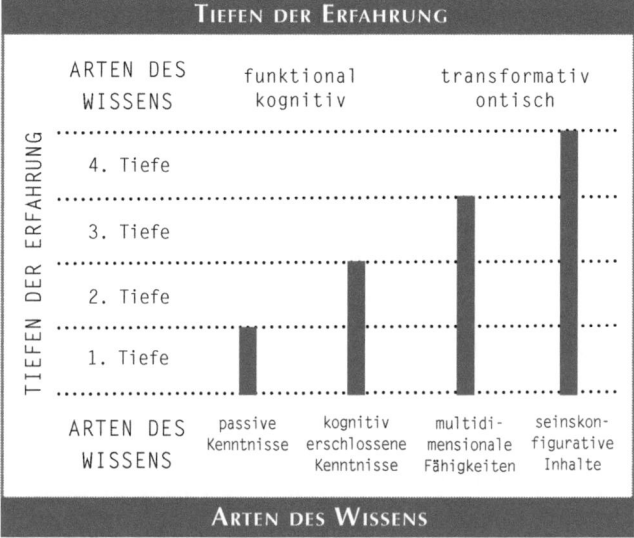

Sicherlich besteht zwischen allen vier Wissensarten keine klar umrissene Abtrennung voneinander, sondern ein fließender Übergang. So wird es Wissensinhalte geben, bei denen es vorkommen kann oder sogar unabdingbar notwendig ist, dass mehrere oder alle vier Stufen aktiviert werden.

Es ist auch wichtig an dieser Stelle, dem Mißverständnis vorzubeugen, dass die ersten drei Wissensarten nicht seinskonfigurativ seien. Natürlich sind sie es, *da jede Veränderung* unser Sein beeinflusst. Nur reservieren wir hier die Bezeichnung ‚seinskonfigurativ' für die Wissensart, die uns sowohl in unserer Ganzheit als auch in unserer Seinsart *merklich* transformiert, unser Sein also ganzheitlich *fundamental* verändert.

Der an dieser Stelle vorrangige Zweck dieser Kategorisierung von Wissensarten ist, das modale, kausale und quantitative Verhältnis zu beleuchten, das zwischen diesen Wissens- oder/und Seinsarten und dem Geschehen besteht, das wir Erfahrung nennen.

Um *passive Kenntnisse* zu erlangen, wie z.B. das Abspeichern von Namen, Vokabeln oder geographischen Informationen, ist zwar auch Erfahrung notwendig. Doch solche Erfahrung, z.B. das geistige Wissen, dass es Länder gibt mit ihrer jeweiligen Hauptstadt, ist, was unser menschliches psychophysisches Anteilnehmen in seinem ganzen Potential betrifft, *nicht so tiefgehend* wie z.B. Schwimmen, sondern bedarf lediglich *grundlegender Wahrnehmung und einfältiger Konditionierung*, einer Erfahrung *erster Tiefe* also. Nicht so bei *kognitiv zu erschließenden* Kenntnissen. Dabei ist *Erfahrung* notwendig, die mehrere und tiefere Dimensionen unserer Anlagen in Anspruch nimmt, wie z.B. differenziertes Sprachverständnis oder genaue Selbst- und Fremdbeobachtung, um ein bestimmtes Verhalten von einer Person in seiner Erscheinung und in seinen Ursachen zu verstehen. Diese Art von Erfahrung gehört der *zweiten Tiefe* an. Genauso wird eine anspruchsvollere *Qualität, Intensität und Weite* von Erfahrung notwendig, wenn wir zu den Wissensarten dritter und vierter Tiefe übergehen, weil sie ganz einfach mehr von dem ansprechen, beanspruchen und hervorbringen, was wir sind und was wir können.

Denn Lernintelligenz (Abschnitt 3.1) als Schlüsselfähigkeit zur Aktualisierung bzw. Verwirklichung dessen, was

schulen: so wirken oder tätig sein, dass der/die Geschulte lernintelligente Hilfe, Unterstützung, Begleitung oder/und Wissen *darin* und *darüber* bekommt, wie die eigenen Lernbedürfnisse *organismisch weise* zu realisieren sind.

wir sind und sein können, sollte uns unter anderem befähigen, möglichst *lebendiges* und *realitäts*relevantes Wissen zu erwerben. Die Qualität von Lebendigkeit und Realitätsrelevanz eines bestimmten Wissens muss sich jedoch (1) einerseits an der *Wichtigkeit*, die es für den Lernenden und den Vollzug seiner Aktualisierungstendenz hat, und (2) andererseits an seiner „Verträglichkeit" oder *Übereinstimmung* sowohl (a) mit den Gesetzen der *Wirklichkeit* als auch (b) mit den Gegebenheiten der räumlich und zeitlich konkreten Lebens*aktualität* des Lernenden messen.

Schulasthenie-Korrektur im zweiten Schritt bedeutet daher, (1) dass sich der/die Schulende der *überragenden* Bedeutung von *Erfahrung* für das Lernen *bewusst* ist: Wenn Lernen Transformation bedeutet, dann ist dabei Erfahrung der entscheidende *Transformationsvorgang*, der organismische Schlüssel *zur Wandlung der psychophysischen Totalität* der lernenden Person. In diesem Sinn (2) sollte die schulende Person das Erkenntnis- und Intuitionsvermögen besitzen, durch welches der geschulten Person *Wirklichkeitshorizonte* eröffnet werden, die lernintelligente Erfahrungen *ermöglichen* können. Erfahrungen

> **endogen**: das, was in einem Organismus oder einem System *aus den eigenen* Bedürfnissen oder Notwendigkeiten des Organismus/Systems *heraus* entsteht.

also, die die jeweiligen aktualisierungsreifen Bedürfnisse der geschulten Person *substantiell erfüllen* können. Genauso ist dabei notwendig, (3) dass der/die Schulende herausspürt, welche Wissensart und welche *Erfahrungs*tiefe notwendig sind für das jeweilige Lernziel oder Transformationsbedürfnis. Solches Erkennen ist ein unabdingbares Merkmal Schulasthenie korrigierenden bzw. *schulintelligenten* Handelns.

"...das hermeneutische Prinzip, das ich einmal formuliert habe, ... lautet: Der Hörer, nicht der Sprecher, bestimmt die Bedeutung einer Aussage. Gewöhnlich glaubt man, dass der Sprecher festlegt, was ein Satz bedeutet, und der Hörer verstehen muss, was der Sprecher gesagt hat. Aber das ist ein fundamentaler Irrtum. Der Hörer ist es, der die merkwürdigen Laute, die ich oder ein anderer mit Hilfe der eigenen Stimmlippen hervorrufen, interpretiert und ihnen einen bzw. seinen Sinn gibt.", Heinz von Foerster, *Wahrheit ist die Erfindung eines Lügners,* Heidelberg 1998, S. 100.

3.4 Schulasthenie-Korrekturschlüssel
Verstehen

Lernen kann neben einigen anderen Perspektiven und Wahrnehmungen auch als ein *Kommunikationsprozess* angesehen werden. Nachdem die psychischen und kognitiven Voraussetzungen – Entspannung, Energie, Emotion, Autonomie, Motivation, Aufmerksamkeit, Wahrnehmung – ausreichend gegeben und aktiviert sind, kann bewusstes Lernen *dann* wirklich beginnen, wenn der Lerngegenstand, der verinnerlicht werden soll, zunächst ausreichend – wenn nicht sogar *vollständig – verstanden* wird. Kommuniziert wird dabei vom Lerninhalt-als-Sender zum Lernenden-als-Empfänger. Beim schulenden Prozess assistiert die schulende Person der geschulten Person insofern, als sie das Senden des Lerninhaltes unterstützt bzw. manchmal erst entscheidend ermöglicht.

> **Verstehen**: das Wahrnehmen oder/und Empfinden oder/und Werden der Identität, der Bedeutung, des Inhalts oder/und Wesens von etwas.

Verstehen spielt sowohl für das intrapersonelle als auch für das interpersonelle Lernen eine zentrale Rolle. Das Verstehen des Prozesses, den ich 'Verstehen' nenne, gehört zu den wichtigsten Schlüsseln zu lebendiger Lernintelligenz und zu interpersonell gelingendem schulenden Handeln. Warum?

Lernen bedeutet Wissens- oder/und Seinsveränderung. 'Wissen' kann Kenntnisse oder Fähigkeiten oder beides meinen, und Sein kann beides oder/und einen Zustand meinen. Von wirklichem Wissen oder von sicherer Beherrschung können wir nur dann sprechen, wenn die jeweiligen Kenntnisse oder Fähigkeiten so <u>von</u> und <u>in</u> uns verinnerlicht sind, dass sie auf die natürlichste Weise abrufbar sind, weil wir einen vollständigen, mühelosen und selbstverständlichen Zugang zu ihnen haben.

Es kann sich um Radfahren- oder Lesenlernen handeln, es kann sich um Büroorganisation oder höhere Mathematik handeln, es kann sich um den Umgang mit Emotionen oder um die Komplexität einer Füh-
rungsaufgabe handeln. Jedes dieser Lernziele erreiche ich nur dadurch, dass ich das Mathem – den genau-en Inhalt eines Lernziels – des ent-sprechenden Lerngegenstands in all seinen Bestandteilen und den

Schulintelligenz: die Fähigkeit, andere begeistert, lernintelli-gent, interpersonell-lernintelli-gent und empfängerzentriert zu schulen.

Beziehungen zwischen diesen genügend (und in höherem Maße bewusst) erfahren, erlebt und wiederholt (bis zur Si-cherheit) angewandt habe. Doch um alle Bestandteile eines Mathems und die Beziehungen zwischen diesen vollständig angehen zu können, muss ich vorher alle Bestandteile mit ihren Beziehungen zueinander vollständig verstehen, d.h. in ihrem Inhalt wahrnehmen! Das ist deshalb die Stelle, an der der Prozess des Verstehens in seiner Notwendigkeit und Schlüsselrolle unverzichtbar wird.

Zum Lernen von etwas gehört sicherlich als erstes Mo-tivation; sie ist die Initialzündung für die Bewegung und die Kraftanwendung in einer Tätigkeit bzw. in einer akti-ven und bewussten Erfahrung, in einem von der lernenden Person ausgeübten Handeln/Verhalten/Seinsmodus, das/der den transformativen Lernvorgang vorantreibt. Was immer das Lernziel oder Lernbedürfnis jedoch sein mag, ich begebe mich *dann* in den Lernvorgang hinein, wenn ich ihn vorher einigermaßen durchschaue, dadurch, dass (a) ich ihn als ungefährlich einschätze und dass (b) ich ihn in den Tätigkeits-komponenten, aus denen er besteht, ausreichend *begreife,* d.h. *anschaulich wahrnehme,* und die Schritte meines Lern-tuns dementsprechend anordne und priorisiere, unabhängig davon, ob dies die Komponenten meines Tuns und Verhal-tens beim Radfahren sind oder meines logischen und anschauli-chen Begreifens von Brüchen in der Mathematik – von Größen also, die sich zwischen 1 und 0 befinden – oder der Koordination meiner gründlichen Augenbewe-gung beim Verfolgen von anein-andergereihten Wörtern in einem Text mit dem psychokognitiven Erleben des Textinhaltes bzw. mit den verschiedenen Ebenen des Inhaltes der Wörter, der Satz-teile, der Sätze, der Absätze usw., verkürzt *Lesen* genannt.

Wahrnehmung: das bipolare Geschehen, durch das einem Subjekt, d.h einem psychophy-sischen Empfänger, Objekte, d.h. Elemente der inneren oder äußeren Realität, mittels emp-findsamer Träger, wie z.B. der Sinne, auf mehr oder weniger konkrete Weise in ihrer Identi-tät bewusst werden.

Wie oft habe ich erleben müssen mit Klienten oder Aus-zubildenden, denen ich beim Lernen „assistierte", dass das Lernen stagnierte bzw. noch nicht einmal *anfing* in Berei-chen oder bei Inhalten, die nebulös blieben, undurchsichtig, unanschaulich, und deshalb frustrierend, Selbstwert erniedri-rigend, die eigene Intelligenz radikal anzweifelnd... In *kei-nem* dieser Fälle gab es ein *Intelligenz*problem, sondern ein *Nicht*-Stattfinden von *Verstehen.*

Bevor also eine lernende Person während ihres Heran-wachsens der *Notwendigkeit* des Verstehens und deren Be-rücksichtigung *gewahr* wird, ist sie auf eine *Assistenz* an-gewiesen, die der jeweiligen Situation entsprechend von Eltern, Erziehern, Lehrern, Mitarbeitern, Vorgesetzten oder

Freunden wahrgenommen *und* erfüllt werden muss (inter-personell), da sich eine noch lern-*unerfahrene* Person *nicht bewusst ist*, was, wobei und wann sie *zunächst verstehen muss*, damit ein Lernprozess starten bzw. fließen kann – vor allem in den Fällen, in denen die lernende Person nicht durch *natürliche* und *angenehme* Erfahrungen lernt, die in sich schon alles für einen Lernprozess Notwendige enthalten.

Solche Assistenz wiederum muss von ihrem anfänglichen unterstützenden Charakter *zur Übertragung von Selbstständigkeit im Verstehen* übergehen. Die heranwachsende Person muss bei der Entwicklung eines Urteils- und Entscheidungs-vermögens unterstützt werden, um die volle Verantwortung für das lückenlose Gelingen des eigenen Verstehens in einem Lernprozess übernehmen zu können (intrapersonell). Dadurch wird die lernende Person lernintelligent *unabhängig*.

Bewusstes Lernen beginnt, nachdem Verstehen stattgefunden hat. Das konsequente Befolgen des *Foerster-Gesetzes* (wie ich es auf

> **Mathem**: der möglichst genau identifizierte/definierte Inhalt eines Lernziels.

Seite 69 nenne,), nach dem *der Empfänger bestimmt, was der Sender meint*, muss deshalb vollständig beachtet und restlos erfüllt werden; interpersonell *und* intrapersonell.

Wenn ich (als Lehrer oder Vorgesetzter etc.) *einem Anderen* etwas vermitteln will oder beim Lernen assistiere, *so bin ich dafür (interpersonell) zuständig*, dass das auch *vermittelt* wird, was ich *wirklich beabsichtigt* habe, und zwar so, dass dies vom Lernenden *auch so bestätigt* wird. Wenn ich *für mich allein* etwas verstehen möchte, so muss ich (intra-personell) *eigenständig* das Verstehen des Lerninhalts in all seinen Komponenten absichern, um es sicher zu vollziehen.

Schulasthenie-Korrektur im dritten Schritt bedeutet, dass der Schulende der geschulten Person beim *Verstehen* des Lerninhalts *empfängerzentriert* assistiert. Gelungenes Assistieren beim Verstehen eines zu lernenden Inhaltes vom Lernenden hängt von drei Voraussetzungen ab, die der Schulende erfüllen sollte.

Empfängerzentriertes Assistieren beim Verstehen eines Mathems vom Lernenden bedeutet, (1) dass der Schulende *interpersonelles Bewusstsein* besitzt, was darin besteht, dass er weiß, dass der Geschulte eine komplexe lebendige Persönlichkeit ist, die ein *individuell gestaltetes* Wahrnehmungs- und Denkvermögen besitzt sowie eine eigene und uneingeschränkt zu respektierende und zu berücksichtigende *psychische* Struktur, (2) dass der Schulende über ein *empathisches* und *kommunikatives* Vermögen verfügt, welches ihm ein *empfängerzentriertes* Vermitteln des Mathems für den Lernenden durch *geeignetes Erklären* oder/und *Erlebenlassen* durch eine entsprechende/adäquate Wissensart bzw. Erfahrungstiefe ermöglicht, und (3) dass sich der Schulende *sowohl* der Tragweite des Foerster-Gesetzes *bewusst ist* und es befolgt als auch bestrebt ist, den Geschulten *darin* zu trainieren, den Vorteil der

> **Lernziel**: der durch einen Lernprozess zu erreichende neue Wissens- und/oder Seinszustand.

Unabhängigkeit durch *selbstständiges* Lernen zu erkennen, so dass er – der Geschulte oder Lernende – beginnt, *selbst* die Verantwortung für das eigene Verstehen eines jeden künftigen Mathems zu übernehmen.

Der Prozess des Verstehens, des dritten Schulasthenie-Korrektur- bzw. Schulintelligenzschlüssels, wird um so wichtiger, je *komplexer* ein Lerninhalt *beschaffen* ist.

3.5 Schulasthenie-Korrekturschlüssel
Organisation

Ob Schwimmen, Lesen, Klavierspielen, selbstloses Zuhören, Gelassenheit, spirituelle Befreiung oder was auch immer, das als ein *Lernziel* betrachtet werden kann – d.h. jedes Wissen, jede Fähigkeit, jeder Zustand, alles, was wir durch *Lernen* beherrschen/erreichen wollen, ist in seiner Beschaffenheit immer unterschiedlich; das bedeutet, dass es aus jeweils bestimmten *Elementen* besteht, die in einer jeweils bestimmten *Struktur* angeordnet

> **System**: ein aus miteinander zusammenhängenden Elementen bestehendes einheitliches Ganzes.

sind, d.h. *miteinander zusammenhängen*. In diesem Sinne besitzt jedes Lernziel seine ihm ganz eigene *Komplexität*.

Was ist Komplexität? Wortwörtlich bedeutet sie *Zusammengeflochtenheit*. Komplexität beginnt schon dort, wo das Einfachste aufhört, also bei der Zweifachheit. Insofern können wir sagen, dass viele Strukturen oder Systeme allein deshalb schon komplex sind, weil eine Struktur oder ein System sich ja jeweils dadurch definieren, dass sie bestimmte relativ abgeschlossene *Zusammenhangsanordnungen* sind. Das bedeutet, dass sie aus einer Gesamtheit von *Elementen* bestehen, die auf eine bestimmte Art und Weise miteinander *zusammenhängen*. Beispiele: ein Buch, eine Familie, eine Schule, ein Unternehmen, eine Beziehung, der menschliche Organismus, die terrestrische Natur, das Wetter, das ganze Universum oder die Gesamtheit aller Universen bzw. Wirklichkeiten.

Jedes System – 'System' bedeutet wortwörtlich *Zusammenstehendes* – ist eine strukturierte Anzahl von Elementen,

"Die meisten Menschen, die heute in städtischen Gesellschaften leben, haben sich schon lange her dort niedergelassen in der Rolle des Zwergen inmitten der Giganten seiner eigenen Institutionen, da dies einen offensichtlichen Fortschritt bedeutete – einen höheren Lebensstandard, gemessen an dem Bruttosozialprodukt pro Kopf. Aber in den letzten zwei Jahrzehnten offenbarte sich etwas Bestimmtes im öffentlichen Bewusstsein. Es ist der Zweifel darüber, ob der ganze Apparat unserer Zivilisation eigentlich noch funktioniert. Beginnt er, zu versagen?", Stafford Beer, *Designing Freedom*, 1974, Toronto 1993, S. 2 (eigene Übersetzung).

die als solche die Identität eines Ganzen ausmachen. In dem Beispiel der Familie sprechen wir von einem System, weil wir eine Anzahl von Personen, d.h. von Systemelementen, haben, die so miteinander zusammenhängen oder so „zusammenstehen", dass sie eine gesamte Gruppe ergeben, die aus der *Identität* und der *Gesamtwirklichkeit* der Personen, d.h. der *Beschaffenheit* der Elemente und den *Beziehungen* zwischen diesen, d.h. der Systemstruktur, besteht.

78

Struktur: die bestimmte Art und Weise des Zusammenhängens oder der Verbundenheit aller Elemente eines Systems miteinander.

Jedes System ist also *dann* ein System, wenn es eine relativ stabile Struktur gibt, die als solche eine aus *relativ zusammenstehenden Einzelelementen* bestehende *Einheit* ergibt.

Für eine Komplexität *erster Ordnung* reicht es daher aus, wenn etwas da ist, das aus mehr als nur einem Einzelelement besteht und dessen Elemente auf eine relativ kohärente oder stimmige Art und Weise zusammenstehen.

Ob wir von Komplexitäten *zweiter* oder *höherer Ordnung* sprechen können, müssen wir daran messen, wie groß (a) die Anzahl der ein System bestimmenden *Einzelelemente*, (b) die Komplexität jedes *einzelnen* Elementes *selbst*, (c) die Anzahl der *Beziehungen* zwischen den Einzelementen und (d) die Komplexität jeder *einzelnen* dieser Beziehungen ist.

Fernerhin, über den Komplexitätsgrad hinaus, könnten wir die sinnvolle Unterscheidung zwischen eher statischen und eher dynamischen bzw. lebendigen Systemen treffen. Ein Tisch wäre ein *einfacheres* bzw. weniger komplexes und *statisches* System, und das Wetter oder ein Mensch ein weitaus *komplexeres* und *dynamisches* bzw. *lebendiges* System.

Nun kann der Inhalt eines Lernziels sowohl ein System

geringer als auch ein System höherer bzw. höchster Komplexität sein. Wenn ich z.B. lernen und damit wissen will, wie die Hauptstadt von China heißt, dann reicht es, wenn ich mir ihren Namen merke, und es ist nicht unbedingt oder überhaupt nicht notwendig, mir Bilder von ihr anzuschauen, ihre Einwohnerzahl zu erfragen oder sogar eine Reise zu unternehmen, um sie zu besuchen! Also könnte eine rein akustische Lautfolge oder eine optische Buchstabenfolge ausreichen, um diesen Lernakt erfolgreich abzuschließen: 'Hauptstadt von China' --> 'Peking'. Sollte dieses akustische Vorgehen für den erfolgreichen Lernakt ausreichen, dann wäre dies ein Beispiel für ein möglichst einfaches Vorgehen. Sollte für jemanden das bloße akustische Vorgehen nicht ausreichen, so könnte ein Bild oder ein anderer mit Peking zusammenhängender Inhalt helfen, den Lernakt erfolgreich abzuschließen.

priorisieren: die Stufen eines mehrstufigen Geschehens oder die einzelnen Elemente einer Liste hinsichtlich ihres Vorrangs auflisten.

Dieses Vorgehen wäre dann zwar komplexer als das bloß akustische, aber immer noch so einfach wie möglich und eben nicht einfacher. Was das bedeutet, so einfach wie möglich, aber nicht einfacher zu sein? Es weist auf ein lernökonomisches Prinzip hin und hebt damit die Bedeutsamkeit von Zeit- und Energieinvestition hervor für *Lerneffektivität*. Dieses **lernökonomische Prinzip** besagt:

Für effektives Lernen ist es notwendig, dass sich die Zeit- und Energieinvestition zum Erlernen von etwas daran orientieren, was die *einfachste* Möglichkeit zum Erlernen von diesem Etwas darstellt, wenn (1) unter ‚einfach' das wirklich *Notwendige* verstanden wird und nicht mehr oder *weniger* und (2) sich die Beschaffenheit des Einfachsten aus *allen* jeweils *relevanten* endo- und exomathemischen Komponenten bestimmt.

Kommen wir zum nächsten Beispiel: Jemand will sich den Inhalt eines sehr schwierigen Textes erschließen, um eine wichtige Prüfung zu bestehen. Er benutzt dabei eine bestimmte angewöhnte Lesetechnik, wird schon nach einigen Minuten geistig extrem müde, merkt, dass er sehr wenig oder gar nichts verstanden hat, und beschließt, eine Erholungspause einzulegen. Doch nach der Pause passiert, diesmal nach noch weniger Minuten, dasselbe. Er hat wenig oder gar nichts verstanden und ist geistig erschöpft.

Lassen wir zunächst offen, wie er sich weiter verhalten wird. Sich in so einem Fall eine Pause zu erlauben, ist eine *intelligente* Entscheidung, aber sie ist, gemessen an den Erfordernissen der zu bewältigenden Lernhandlung, *zu einfach*. Der Erfolg dieser Lernhandlung hängt also von mehr ab als nur dem *einen* Faktor *Kraft* – zum Beispiel auch von einem erfolgreichen, weil *lebendig verstehenden* Lesen oder auch einem *inhaltlich systematischen* Lesen oder einer ausreichenden *Motivation* bzw. *Disziplin*. Hier reicht also das denkbar Einfachste nicht aus und die Schlussfolgerung daraus liegt auf der Hand. Ich nenne sie die **Gesetzmäßigkeit der lernintelligenten Komplexitätsbestimmung**. Sie besagt:

endomathemisch: die Bezeichnung für die einem Mathem *innewohnenden* Inhalte und deren dieses Mathem bestimmende Beschaffenheit und organisierte Angeordnetheit.

Jede Lernhandlung ist umso (gesund-) intelligenter (und deshalb erfolgreicher), je vollständiger das Spüren, Erkennen und Wissen ihres tatsächlichen *Komplexitätsgrades* ist.

Warum ist also die Fähigkeit wichtig, den (für den Erfolg notwendigen) genauen Einfachheits- oder Komplexitätsgrad eines Lernziels und des entsprechenden (und zu diesem Ziel führenden) Lerngeschehens zu erschließen? Weil wir dadurch am erfolgreichsten handeln! Konkreter ausgedrückt, wir handeln *ökonomisch*, also den Lerngesetzen folgend, die das zu erreichende Ziel ver-

langt. Darüber hinaus, und überdies weitaus wichtiger ist, wir sind dann (überhaupt) in der Lage, den Erfordernissen, durch die wir ein Lernziel erreichen können, ausreichend gerecht zu werden! Die

> **exomathemisch**: die Bezeichnung für alle Umstände, Zustände und Aktivitäten, die für das Erlernen eines Mathems auf Seiten und von Seiten des Lernenden notwendig sind.

Fähigkeit der Komplexitätsbestimmung, also, ermöglicht überhaupt erst (vollständigen) Erfolg und dafür einen ökonomischen Kräfteverbrauch!

Neben dem Lesen gibt es noch viele weitere Tätigkeiten bzw. Lernziele, die einen hohen Komplexitätsgrad aufweisen. Lernkontrolle und damit Lernerfolg erfordern deshalb die entscheidende Fähigkeit der Komplexitätsbestimmung. Womit wir wieder beim Schulintelligenzschlüssel *Verstehen* landen: Damit wir ein Lernziel erreichen, damit wir einen Lerninhalt bis zum Beherrschungsgrad unbewusster Kompetenz verinnerlichen, bis zur Kompetenzstufe, also, bei der etwas so sehr ein Teil von uns geworden ist, dass es als ein neues Zellenbündel organismisch lebendiger Information *mit uns* atmet, müssen wir die *Erfahrung*, die uns zur besagten Verinnerlichung hin transformieren soll, so gestalten, dass sie der Komplexität entspricht, die das jeweilige Lernziel tatsächlich aufweist. Damit wir die zu einem angestrebten Lernziel notwendige Erfahrung gestalten können, müssen wir also zunächst die *Komplexität* des Lernziels *durchschauen*, d.h. *verstehen*.

Den Lenker halten/lenken, in die Pedale treten, entspannt das Gleichgewicht halten und die Umwelt ausreichend wahrnehmen/berücksichtigen – das wären z.B. die grundsätzlichen Einzelelemente samt Beziehungen miteinander, die die Komplexität des Lernziels „Radfahren-Können" ausmachen und die wir – *wenn* wir das Radfahren-Können *wirklich* beherrschen *wollen* – in ihrer Notwendigkeit sowohl *vereinzelt* als auch *im Zusammenhang miteinander erkennen und verstehen* müssen. In dem Moment, in dem solches Verstehen sich abschließend vollzieht, tritt das – *nach* Freiheit, Erfahrung und Verstehen – *vierte* Prinzip ein, der vierte Schlüssel, der zur Aktualisierung – und in der Folge *Erfüllung* – eines Lernbedürfnisses notwendig ist: das Prinzip oder der Schlüssel des *Organisierens*. Ich handle *dann* lernintelligent, wenn ich mir die zum Verinnerlichen eines Lerninhaltes notwendige Erfahrung bzw. Aktivität oder/und Seinsweise *organisiere*. Eine Erfahrung zu organisieren, bedeutet im Beispiel des Radfahrens, dass die das Radfahren bestimmenden Einzeltätigkeiten so in meiner Erfahrung miteinander in Harmonie gebracht werden, dass sie auch *organisiert erfahren werden*, also in einer Struktur, in einem Zusammenhang bzw. Zusammen*stand*, der zum erfolgreichen Vollziehen des Radfahrens notwendig und deshalb günstig ist. Meine Erfahrung muss *so geordnet* stattfinden, wie es die *innewohnende* Ordnung *der Aktivität* erfordert, die wir *erfolgreiches Radfahren* nennen.

Ordnung: die von einem bestimmten System abhängige/relevante und relationale Beschaffenheit und Eingerichtetheit eines oder mehrerer Elemente dieses Systems.

"Lehrsatz 1. *Gerade so, wie sich Gedanken und Ideen von Dingen im Geist ordnen und verketten, so ordnen und verketten sich, genau entsprechend, die Affektionen des Körpers oder die Vorstellungsbilder von Dingen im Körper.*
Beweis: Die Ordnung und Verknüpfung von Ideen ist dieselbe wie die Ordnung und Verknüpfung von Dingen, und umgekehrt ist die Ordnung und Verknüpfung von Dingen dieselbe wie die Ordnung und Verknüpfung von Ideen. Daher gilt: So wie die Ordnung und Verknüpfung von Ideen im Geist gemäß der Ordnung und Verknüpfung von Affektionen des Körpers geschieht, so geschieht umgekehrt die Ordnung und Verknüpfung von Affektionen des Körpers gerade so, wie Gedanken und Ideen von Dingen sich im Geist ordnen und verketten."

(Benediktus de Spinoza, Ethica, 1677 - Baruch de Spinoza, *Ethik*, Hamburg 1999, S. 535)

Die einem Mathem – wie z.B. dem Radfahren – *innewohnende* Ordnung, die ich erkennen, verstehen und organisiert erfahren und vollziehen und verinnerlichen muss, wenn ich dieses Mathem wirklich verinnerlichen will, nenne ich die *endomathemische* Ordnung.

Für das Erlernen bzw. Verinnerlichen eines Mathems muss der endomathemischen Ordnung dieses Mathems die *exomathemische* Ordnung des *Lernenden* entsprechen. Die exomathemische Ordnung setzt sich zusammen aus der Beschaffenheit und Angeordnetheit aller Elemente zueinander, derer der Lernende bedarf, wenn er das entsprechende Mathem verinnerlichen will.

Wenn also (a) als *endomathemisch* die Gesamtheit aller Inhalte oder Elemente bezeichnet wird, die einem Mathem innewohnen und durch ihre Beschaffenheit und Anordnung die Beschaffenheit oder Identität dieses Mathems ausmachen – wie z.B. geschriebene Buchstaben, sinnvolle geschriebene Buchstabengruppen, d.h. geschriebene Wörter, sinnvolle geschriebene Wörtergruppen, d.h. geschriebene Satzteile, und sinnvolle geschriebene Satzteilgruppen, d.h. geschriebene Sätze, und sinnvolle geschriebene Sätzegruppen usw., d.h. geschriebene Texte, also alles Elemente, die das Mathem *'Textinhalt'* ausmachen –, und (b) als *exomathemisch* die Gesamtheit aller Umstände, Zustände und Aktivitäten bezeichnet wird, die für das Erlernen oder/und Vollziehen eines Mathems bei und von einem Lernenden notwendig sind – wie z.B. Bedürfnis, Zeit, Raum, Kraft, Aufmerksamkeit, Wahrnehmung und Verstehen, die für das innere Erleben eines Textinhalts notwendigen Komponenten, also –, so können wir sagen, dass (c) das Erlernen und danach auch Vollziehen eines Mathems von einem Lernenden möglich wird, wenn alle *endomathemischen* Elemente eines *Mathems* und deren Struktur mit allen für dieses Mathem notwendigen *exomathemischen* Elementen oder Komponenten eines Lernenden so „zusammenkommen", dass sie eine Aktivität ergeben, die *organismisches Lernen* genannt wird, d.h. eine durch die *gesamt-organismische* Intelligenz gesteuerte und durch gesamt-organismische *Erfahrung* generierte Wissens- oder/und Seinsveränderung. Dieses „Zusammenkommen" der

Mathetik: die Wissenschaft vom Lernen (**manthanein** = lernen).

endomathemischen Komponenten eines Mathems mit den für das Erlernen/Vollziehen dieses Mathems notwendigen exomathemischen Komponenten eines Lernenden kommt durch *Organisieren* zustande.

Das vierte Prinzip von Schulintelligenz oder der vierte Schlüssel zur Schulasthenie-Korrektur besteht in dem *Akt des Organisierens* oder in dem *Vorhandensein von Organisation* bzw. *Organisiertheit.* Schulasthenie-Korrektur im vierten Schritt bedeutet (1) das Wissen um alles, was die menschliche Organismizität und (2) deren Entsprechung zum jeweiligen Mathem, d.h. Lernziel bzw. -gegenstand, angeht, welcher selbst immer seine ihm eigene Komplexität aufweist.

> **organisieren**: ein System in *solch eine günstige Ordnung bringen,* dass dieses System eine fließende Funktionalität oder *alle Eigenschaften eines gesunden lebendigen Organismus* aufweist.

Aus genau dieser jeweiligen Komplexität eines Mathems ergibt sich, dass der Schulende auch (3) die Komplexitätsbeschaffenheit aller Matheme/Lernziele in einem Gebiet kennen muss, in dem er schulend tätig ist. Sind diese drei Voraussetzungen gegeben, so besteht Schulasthenie korrigierendes oder schulintelligentes Handeln letztlich und *grundsätzlich* darin, dass (4) der Schulende dem Geschulten *empfängerzentriert, empfängergerecht* und durch die entsprechenden und entsprechend *aufbereiteten Lernerfahrungen* folgendes organismische Lernprinzip in seiner unmissverständlichen Einfachheit *ausreichend mehrfach* vermittelt: **Alles Lernen, das möglich ist, ist eine Frage der organismischen Organisation.** Mit anderen Worten, wir lernen, wenn wir uns die zu lernende Information anhand ihrer endomathemischen Ordnung und durch unsere exomathemische Organisiertheit *organismisch* „einverleiben".

4

Schulintelligenz

4.1 Die gestaltende Weisheit

4.11 Das Leben ist die Entfaltung „intelligenten" Bewegungs- und Transformationspotentials. Innerhalb des Spektrums dieses Bewegungs- und Transformationsstroms befindet sich auch der Mensch als empfindungsfähiges und bewusstes Lebewesen.

4.12 Als Lebewesen zeichnet sich der Mensch durch eine begrenzte, jedoch gleichzeitig unerschöpfliche Multipotentialität, Multidimensionalität, Multimotivationalität und Multiperspektivität aus. Als solches Lebewesen nenne ich ihn das menschlich-organismische „Universum".

4.13 Das menschlich-organismische „Universum" ist ein in sich kohärentes, sich selbst *zusammen*haltendes System, zugleich aber ist es ein Teil *und Bestandteil* des *gesamten* Systems, d.h. der gesamten *Wirklichkeit*, und deshalb – in einem gewissen Sinne – die gesamte Wirklichkeit *selbst*.

Transformation: das Umgewandeltwerden der Beschaffenheit oder/und Gestalt oder/und Struktur oder/und Wesens bzw. der Identität von etwas.

4.14 Als ein lebendiges System ist der Mensch ein Organismus, weil in ihm eine gestaltende, ordnende Kraft waltet, die sowohl die einzelnen Systemelemente als auch das System als Ganzes zweckbestimmt ordnet und gestaltet.

4.15 Sowohl die menschliche Organismizität, das menschlich-organismische Sosein also, als auch die dieses Sosein und das künftig *mögliche* Sein vorantreibende Kraft,

„Die Aktualisierungstendenz ist das Bestreben des Menschen, sich selbst zu aktualisieren, seine Möglichkeiten zu werden.

...in seinem Bemühen, am vollständigsten er selbst zu sein"

(Carl R. Rogers, Entwicklung der Persönlichkeit, Stuttgart 1998, S. 340).

werden gestaltet und bestimmt aus einem dem menschlichen Organismus inhärenten und zweckbestimmten Strom des Werdens. Dieser Strom, diese physikalisch-lebendig-organismische Gesetzlichkeit ist – nach Carl R. Rogers – die *Aktualisierungstendenz.*

4.151 Je nach naturalistischer oder metaphysischer Überzeugung oder Intuition kann die Teleologie oder die Zweckbestimmtheit dieser Kraft von der Evolution oder von der Natur oder von Gott gegeben sein. Ungeachtet ihres Ursprungs jedoch kann sie, abhängig von den jeweils raumzeitlich gegebenen Rahmen-, Kontext- oder Milieubedingungen, in jedem dieser möglichen Fälle authentischer oder verfälschter *wirken*, d.h. die Wirklichkeit des jeweiligen menschlichen Organismus *„gestalten"*, indem sie die Entfaltung seiner Wirklichkeit bewirkt (siehe auch 4.181).

4.152 Genauso wie das Wassertrinken Durst löscht, sind alle solche bzw. ähnliche Gesetzmäßigkeiten gegebene, unanzweifelbare *existente* Wirklichkeiten – Alias *Gesetze der (menschlichen) Wirklichkeit.*

4.16 Meine Aktualisierungstendenz zeigt sich *dann* so, wie sie *wirklich ist,* wenn sie als Strom im Fluss meiner Authentizität *frei fliessen* kann und dieser Fluss aus dem Hochgebirge der Gesamtwirklichkeit hervorquillt.

4.161 Meine Authentizität ist die jeweilige *gespürte* Wirklichkeit all dessen, was sich natürlich und ungehindert als meine gesamte Organismizität ausdrückt. Diese wiederum drückt sich erst dann natürlich und ungehindert aus, wenn sie mit den Gesetzen der Wirklichkeit übereinstimmt.

Selbstliebe: auf sich selbst bezogene (1) bedingunglose, (2) das eigene Ich beinhaltende, nährende und auflösende, (3) grundexistentiell-wonnige und „unerträglich"-glückselige *Bejahungsunendlichkeit.*

4.17 Eine Organismizität, die sich frei audrücken kann und ungehindert atmet, ermöglicht den notwendigen Spürraum, in dem sich die unterschiedlichen Dimensionen meiner Aktualisierungstendenz transparent offenbaren können.

4.18 Solches organismische Spüren ist der weise Kompass (a) der Richtung meiner Entfaltung, meiner Entwicklung, meines Werdens und (b) der Art und Weise meines Seins. Es gewährleistet das Werden/Verwirklichen meiner Möglichkeiten, und dadurch das mir entsprechende Sein.

4.181 Auch wenn meine Aktualisierungstendenz meiner organismisch psychophysischen Veranlagung und Wesensart inhärent ist (4.15-4.151), so kann sie je nach natürlicher oder unnatürlicher Berührung von der Wirklichkeit sowohl mehr oder weniger gelingen als auch in unterschiedlicher Weise und in unterschiedlichen Formen zu ihrer Bestimmung gelangen.

4.182 *Organismisches Spüren* ermöglicht die natürliche, wirkliche und stimmige Berührung meines Werdens von der wie auch immer gearteten *manifestierten* oder *erscheinenden* Wirklichkeit.

4.191 Im organismischen Spürraum entsteht, wächst und entfaltet sich die organismische Intelligenz; und zwar durch das Spüren *der Wirkung* allen Geschehens oder aller Zufuhr unterschiedlicher psychophysischer Nahrung – ob Wasser oder Liebe, ob Tun oder Ort – auf mein Wohlbefinden *als Ganzes* und nicht *auf nur einen* von allen mich-als-Organismus-konstituierenden Aspekten.

signifikant: mit Bedeutung und Sinn oder/und Bedeutsamkeit versehen, einen Inhalt zeigend (**signum** = Zeichen, **significare** = zeigen).

4.192 Die organismische Intelligenz wächst und der Grad ihrer Effektivität wird erhöht, wenn ich *Erfahrungen* mache, die mein organismisches Wachstum fördern, aber nicht (nur) durch *Häufigkeit* und *Quantität*, sondern durch *Beschaffenheit* und *Qualität*.

4.2 Die assistierende Weisheit

4.20 Mit ,Lernen' bezeichne ich das Geschehen, durch das Lebendiges zu verändertem Sein, Wissen und Können gelangt.

4.201 Findet Lernen so statt, dass es von Sinn, d.h. von persönlich Bedeutsamem angetrieben wird, also von dem, wessen ich gesamt-organismisch *bedarf*, dann ist es *signifikant*; dann ist es *bedeutsam*.

4.202 Signifikantes Lernen findet statt, wenn meine eigenen Bedürfnisse und die daraus möglichen Motivationen in einem freien Raum erspürt werden, sodass sie aufblühen dürfen und das Fühlen, Denken und Handeln aktivieren können, das zu ihrer Erfüllung führt. Wenn ein solcher Prozess kontinuierlich möglich ist, kann sich meine *Aktualisierungstendenz* vollständig entfalten.

4.2021 Signifikantes Lernen ist ein Lernen *in Freiheit*. Signifikantes Lernen ist organismisch-weises Lernen. Signifikantes Lernen ist ein Prozess, der von der *authentischen Innerlichkeit* und der *gesamtlebendigen Vibration* des Lernenden aktiviert und aufrechterhalten wird. Signifikantes Lernen ist deshalb *organismisches* Lernen.

intrapersonell: betrifft das psychophysische Geschehen innerhalb einer Person.

4.203 Das ganzheitliche Wissen darüber, wie Lernen funktioniert, nenne ich *Lernintelligenz*.

4.2031 Lernintelligenz ist die Fähigkeit zu (1) dem ganzheitlichen Erkennen, Wahrnehmen, Fühlen und Verstehen (1.1) der eigenen authentischen Motivation, (1.2) der authentischen Wirklichkeit und (1.3) des Verhältnisses der eigenen authentischen Motivation zur authentischen Wirklichkeit, (2) dem vollständigen Entwerfen einer lebendigen Strategie zur Harmonisierung dieses Verhältnisses und (3) dem unerschütterlichen Vollziehen der entworfenen Strategie.

4.2032 *Lernintelligenz* ist das Wissen – und deshalb auch Bewusstsein – über die Gesamtheit aller Prinzipien, die das Lerngeschehen bestimmen.

4.20321 Wo immer eine Person nicht über die notwendige bzw. angemessene Lernintelligenz verfügt, benötigt sie eine Lernassistenz oder *Schulung*.

Aufmerksamkeit: gerichtetes Bewusstsein.

4.21 Schulung oder Schulen besteht darin, so zu wirken oder tätig zu sein, dass der/die Geschulte lernintelligente Hilfe, Unterstützung, Begleitung oder/und Wissen *darin* und *darüber* bekommt, wie die eigenen Lernbedürfnisse *organismisch weise* zu realisieren sind.

4.211 Die Tätigkeit *Schulen* im vorliegenden Kontext bedeutet nicht nur die Tätigkeit von Lehrern in herkömmlichen staatlichen und/oder privaten Schulen, sondern *jede Tätigkeit* und *in jedem* privaten, beruflichen/geschäftlichen oder institutionellen *Kontext* jeglicher Art, in dem jemand oder mehrere einem oder mehreren anderen *beim Lernen assistieren*. Unabhängig davon, ob die Schulenden Ärzte/Therapeuten, Berater, Trainer, Eltern, Partner, Freunde sind oder in einer anderen Beziehung zum/zur Lernenden stehen.

4.221 Entspricht der/die Schulende den Prinzipien von Lernintelligenz (4.2031) in der Art, dass er/sie auf begeisterte und ihn/sie restlos überzeugende, erfüllende Weise

Integrität

Wenige
Haben die Stärke
Wirkliche
Helden zu sein –

Jene
Seltenen Personen,
Die immer
Wort halten.

Selbst ein Engel braucht Ruhe.
Integrität schafft einen so weiten
Körper,

Dass tausend Geflügelte
Flehen werden:

Darf ich meine Wange
Bei dir
Anschmiegen?

Aus: Hafis, *Die Liebe erleuchtet den Himmel,*
Düsseldorf und Zürich 1997, S.17.

lernintelligent, interpersonell-lernintelligent und empfängerzentriert agiert und wirkt, so ist er/sie *schulintelligent*.

4.222 Schulintelligenz ist die *Fähigkeit*, Andere *begeistert, lernintelligent, interpersonell-lernintelligent und empfängerzentriert* zu schulen.

kommunizierbar: das, was zwischen empfindungs- und kognitionsfähigen Lebewesen gesendet und/ oder empfangen werden kann.

4.23 Wahre Schulintelligenz entspricht dem wahren menschlichen bzw. lebendigen Sein der geschulten Person bzw. des geschulten Lebewesens *dann vollständig und wesensgerecht*, wenn sie sich *nach der Aktualisierungstendenz der geschulten Person bzw. des geschulten Lebewesens* richtet und *nicht* nach den – in Bezug auf die Aktualisierungstendenz der Person oder des Lebewesens *anders* gearteten – Zwängen der jeweiligen gesellschaftlich oder persönlich gestalteten Wirklichkeit des/ der Schulenden.

4.241 Schulintelligentes Wissen mag *in seiner Absolutheit oder Vollständigkeit* utopisch oder unrealistisch klingen oder erscheinen, besonders für alle, die durch schulasthenische Erfahrungen und kulturell beeinflusste Wirklichkeiten *Gegenteiliges* erlebt haben, manchmal sogar darin auf schädliche Weise *konditioniert* wurden. Die Wahrheit jedoch, d.h. die unbezweifelbare *Wirklichkeit* schulintelligenten Wissens – eine Wirklichkeit, *die so ist, wie sie ist* – kann deshalb *nicht negiert werden*.

4.242 Auch wenn schulintelligentes Wissen gegen bestimmte Grundprinzipien, Auffassungen oder weltanschauliche, ethische, kulturelle oder gesellschaftliche „Gesetze", Gewohnheiten oder Lebensformen stoßen mag, seine Wahrheit entspringt den *Gesetzen der Wirklichkeit*.

4.25 Schulintelligenz waltet *immer dann und dort, wenn und wo die Grundprinzipien* eines von unserer *Aktualisierungstendenz gesteuerten* Lernens – und daher *in Wirklichkeit gegründeten* Lebens – befolgt werden. Diese (vier) Grundprinzipien nenne *ich Schulintelligenzschlüssel*. Werden diese Grundprinzipien verletzt oder nicht vollständig erfüllt aufgrund bewussten oder unbewussten mangelnden oder/und falschen Wissens, so waltet Schul*asthenie*.

4.251 **Der erste Schulintelligenzschlüssel** gründet in der *fühlenden* und *liebenden* Wahrnehmung der geschulten oder lernenden Person. Dieses fühlende und liebende Wahrnehmen ermöglicht die vollständige *Wertschätzung* der organismischen **Freiheit** der lernenden Person.

Bedeutung: der die Beschaffenheit und Identität von etwas angebende Informationsgehalt.

4.2511 Erst in der vollständigen Wertschätzung der organismischen Freiheit der lernenden Person ist der/die Schulende in der Lage, die *Bedürfnisse* und die dadurch entstandene und gestaltete *Multimotivationalität* dieser Person zu *berücksichtigen*, zu *ehren* und sie als *wertvollsten* mitschulenden Kompass zu *nutzen*.

4.2512 Erst in dieser Wertschätzung kann der/die Schulende die Entfaltung des individuellen Spektrums der raumzeitlich-jeweiligen *Aktualisierungstendenz* der lernenden Person angemessen fördern.

4.2513 Erst diese Wertschätzung schafft den Kontext eines *gelingenden* Verhaltens gegenüber der *Motivationalität* der lernenden Person und damit gegenüber der angemessenen Nahrung für die Entfaltung der *Aktualisierungstendenz* der lernenden Person.

4.2514 Die organismische <u>Freiheit</u> als der Zustand und die Voraussetzung des Spürens und des Verwirklichens unserer Aktualisierungstendenz ist der weiseste Kompass sowohl *intrapersonell* für jeden von uns als auch – und im vorliegenden Kontext *insbesondere* – in unserem *interpersonellen* Umgehen *mit anderen*. Im schulenden Kontext muss sie, als das heilige *Recht* der lernenden Person, uns *die Richtung* und *die Weise* unseres schulenden Vorgehens *zeigen*.

Umwandlung: der Prozess, durch den etwas in eine zeitlich neue Gestalt oder/und Beschaffenheit kommt.

4.2521 **Der zweite Schulintelligenzschlüssel** besteht im Erkennen der Bedeutung von ***Erfahrung*** für das Lernen – wenn *Erfahrung* eine bewusst erlebte *Veränderung* ist, die durch (a) <u>die organismische *Berührung* des Selbst *von*</u> und (b) <u>die transformative *Teilnahme* des Selbst *an*</u> der Bewegung der Wirklichkeit zustande kommt.

4.25211 Wenn Lernen *Transformation* bedeutet, dann ist dabei <u>Erfahrung</u> der entscheidende Transformations*vorgang*, der organismische Schlüssel *zur Wandlung der psychophysischen Totalität* der lernenden Person.

4.2522 In diesem Sinn sollte die schulende Person das Erkenntnis- und Intuitionsvermögen besitzen, durch welches der lernenden Person *Wirklichkeitshorizonte* eröffnet werden, die lernintelligente Erfahrungen *ermöglichen* können. Erfahrungen also, die die jeweiligen aktualisierungsreifen Bedürfnisse der geschulten Person *substantiell erfüllen* können.

4.2523 Genauso ist dabei notwendig, dass der/die Schulende herausspürt, welche kognitive (geistige) oder ontische (durch Erleben und Sein entstehende) Wissensart und welche *Erfahrungs*tiefe notwendig sind für das jeweilige Lernziel oder Transformationsbedürfnis des Lernenden. Solches Erkennen ist ein unabdingbares Merkmal *schulintelligenten* Handelns.

> **Form**: die Art der multidimensionalen Angeordnetheit von etwas manifest Existentem.

4.253 **Der dritte Schulintelligenzschlüssel** ermöglicht oder erfordert, dass der Schulende der geschulten Person beim **Verstehen** des Lerninhalts *empfängerzentriert* assistiert. Das gelingende Assistieren beim Verstehen eines zu lernenden Inhaltes vom Lernenden hängt von *drei Voraussetzungen* ab, die der Schulende erfüllen sollte.

4.2531 Der Schulende besitzt *interpersonelles Bewusstsein*, was darin besteht, dass er weiß, dass der Geschulte eine komplexe lebendige Persönlichkeit ist, die ein zutiefst und einmalig *individuell gestaltetes* Wahrnehmungs- und Denkvermögen besitzt sowie eine eigene und unmissverständlich zu respektierende und zu berücksichtigende *psychische* Struktur.

4.2532 Der Schulende verfügt über ein *empathisches* und *kommunikatives* Vermögen, welches ihm ein *empfängerzentriertes* Vermitteln des Mathems bzw. Lerninhalts für den Lernenden durch *geeignetes Erklären* oder/und *Erlebenlassen* durch eine entsprechende/adäquate Wissensart bzw. Erfahrungstiefe ermöglicht.

authentisch: dem gespürt Wirklichen zugehörig.

4.2533 Der Schulende *ist* sich *sowohl* der Tragweite des Foerster-Gesetzes – der Empfänger, nicht der Sender, bestimmt die Bedeutung einer Botschaft – *bewusst (*und befolgt es) *als auch* bestrebt, den Geschulten *darin* zu trainieren, den Vorteil der Unabhängigkeit des *selbstständigen* Lernens zu erkennen, so dass er – der Geschulte oder Lernende – beginnt, *selbst* die Verantwortung für das eigene Verstehen eines jeden künftigen Mathems zu übernehmen.

4.254 **Der vierte Schulintelligenzschlüssel** besteht in dem *Akt des Organisierens* oder in dem *Vorhandensein von* **Organisation** bzw. *Organisiertheit.*

4.2541 Schulintelligenz im vierten Schritt bedeutet (a) das Wissen um alles, was die menschliche Organismizität und (b) deren Entsprechung zum jeweiligen Mathem, d.h. Lernziel bzw. -gegenstand, angeht, welcher selbst immer seine ihm eigene Komplexität aufweist.

4.2542 Aus genau dieser jeweiligen Komplexität eines Mathems ergibt sich, dass der Schulende auch die Komplexitätsbeschaffenheit aller Matheme/Lernziele in einem Gebiet kennen muss, in dem er schulend tätig ist.

4.2543 Sind diese drei Voraussetzungen (4.2541 - a, b
& 4.2542) gegeben, so besteht schulintelligentes Handeln
letztlich und *grundsätzlich* darin, dass der Schulende dem
Geschulten *empfängerzentriert, empfängergerecht* und durch
die entsprechenden und entsprechend *aufbereiteten Lerner-*
fahrungen folgendes organismische Lernprinzip in seiner
unmissverständlichen Einfachheit *ausreichend mehrfach* vermittelt: **Alles Lernen, das möglich ist, ist eine Frage der
organismischen Organisation.**

4.2551 **Erfahrung** ist das große „Fahrzeug" des Lernens.
Sie dient der Realisierung unserer Aktualisierungstendenz
dann am weisesten, wenn sie in **Frei-**
heit entdeckt, vollzogen und realisiert
wird. Unterstützt werden kann und
muss sie *zusätzlich* von unserer **Fähig-**
keit zu verstehen, die der Grundzug
aller Intelligenz *schlechthin* ist, und
von unserer Fähigkeit, Komplexes auf

Angeordnetheit: die
bestimmte Art und Weise
der Beschaffenheit aller
Elemente in einem System
und deren Beziehungen
zueinander.

seine Einfachheit „runterzubrechen" und zweckmäßig zu **or-**
ganisieren, so dass wir seine inhaltliche Beschaffenheit und
Struktur unserer organismischen Beschaffenheit und Struktur oder unsere organismische Beschaffenheit und Struktur
seiner inhaltlichen Beschaffenheit und Struktur „anpassen",
d.h. *organismisch angleichen.*

4.2552 Entsprechen wir als Schulende *diesen vier Prinzi-*
pien, so ermöglichen wir *organismisch weises* Lernen ...und
sind deshalb *schulintelligent.*

Glossar

aktiv: bezeichnet den Zustand psychophysischer und meistens zielgerichteter Anwendung der organismischen Kräfte.

Aktivität: psychophysische, meist zielgerichtete Anwendung der organismischen Kräfte.

Aktualisierungstendenz: der innewohnende Drang, das, was von Natur aus in uns angelegt ist, so zu entfalten, zu realisieren und zu sein, wie es von der naturgesetzlichen Wirklichkeit berührt, genährt und dynamisiert wird.

Angeordnetheit/Anordnung: die bestimmte Art und Weise der Beschaffenheit aller Elemente in einem System und deren Beziehungen zueinander.

Anschaulichkeit: innere Wahrnehmbarkeit (s. auch *Verstehen*).

Aufmerksamkeit: gerichtetes Bewusstsein.

authentisch: dem gespürt Wirklichen zugehörig.

Authentizität: die Seinsweise, die aus der jeweiligen gespürten Wirklichkeit all dessen resultiert, was sich natürlich und ungehindert als unsere gesamte Organismizität ausdrückt: als das „Universum" des Energieflusses des immerwährenden Zyklus von Sein-Spüren-Brauchen-Bekommen-Werden-Sein...

autotelisch: bezeichnet einen Prozess oder eine Aktivität, der/die Ziel seiner/ihrer selbst ist (**auto** = selbst, **telos** =

Ziel).

Bedeutsamkeit: Wichtigkeit.

Bedeutung: der die Beschaffenheit und Identität von etwas angebende Informationsgehalt.

Bedürfnis/Brauchen: das Empfinden eines Mangelzustandes und einer damit einhergehenden Unruhe und einer gleichzeitigen Gerichtetheit auf die Beseitigung dieses Mangels.

bewusst: die Seinsweise, die das Erlebende in das Wissen seiner Faktizität einschließt und so vom erlebenden Ich gewusst wird.

Bewusstsein: das biologische Energiefeld, das die Grundlage jeglichen Spürens oder Empfindens für ein Lebewesen ist.

Brauchen/Bedürfnis: das Empfinden eines Mangelzustandes und einer damit einhergehenden Unruhe bzw. einer gleichzeitigen Gerichtetheit auf die Beseitigung dieses Mangels.

Denken: zielgerichtete geistige Aktivität.

Dynamik: Intensität, Schwung und Kraft einer stillen Potentialität oder eines sich in Bewegung befindenden Geschehens.

Emotion: innerer energiegeladener Raum, der aus einem/

einer bekannten oder unbekannten Grund/Ursache resultiert, und der, je nach Anteilen und der Art von Erregtheit, Trägheit und Ruhe, eine bestimmte Gestimmtheit/Beschaffenheit der Seinsweise oder/und der Aktivitäts- und Verhaltensbereitschaft eines wertungsfähigen Lebewesens ergibt.

Empathie: die Fähigkeit, den Zustand eines anderen Lebewesens zu fühlen.

empfinden oder spüren: eine energetische Anordnungsweise oder -transformation psychisch oder/und physisch merken.

endomathemisch: die Bezeichnung für die einem Mathem *innewohnenden* Inhalte und deren dieses Mathem bestimmende Beschaffenheit und organisierte Angeordnetheit.

exomathemisch: die Bezeichnung für alle Umstände, Zustände und Aktivitäten, die für das Erlernen eines Mathems auf Seiten und von Seiten des Lernenden notwendig sind.

Energie: mysteriöse Bewegtheit manifestierter Seinsfülle (**energeia** = in Arbeit, in Bewegung).

Erfahrung: bewusst erlebte Veränderung durch organismische *Berührung* des Selbst *von* und *Teilnahme* des Selbst *an* der Bewegung der Wirklichkeit.

erleben: an einem Geschehen empfindend teilnehmen.

erspüren: im frei zugelassenen Bewusstsein feiner oder am feinsten spüren.

endogen: das, was in einem Organismus oder einem System *aus den eigenen* Bedürfnissen oder Notwendigkeiten des Organismus/Systems *heraus* entsteht.

exogen: das, was in einem Organismus oder einem System *nicht aus den eigenen* Bedürfnissen oder Notwendigkeiten des Organismus/Systems entsteht.

Form: die Art der multidimensionalen Angeordnetheit von etwas manifest Existentem.

frei: ohne Zwang oder exogene Notwendigkeit.

Freiheit: der Zustand, in dem wir keine Zwänge und/oder Begrenzungen/Einschränkungen und/oder exogene Notwendigkeiten spüren.

Freiheit, organismische: der Zustand, in dem wir als freies Ich/Selbst existieren und die ungehinderte Realisierung unserer Aktualisierungstendenz spüren.

freiwillig: den eigenen und freien Willen betreffend.

geistig: innere Repräsentationen betreffend.

handeln: die eigenen Kräfte in zielgerichteter Bewegung bringen und halten.

holistisch: alles umfassend, das Ganze (von etwas) betreffend (**holon** = das Ganze).

Ich/Selbst: die *alles Wahrgenommene und Erlebte empfangende/einschließende* und *sich als die eigene Identität erlebende* Energie-Ausdehnung eines ausreichend entwickelten Organismus.

Identität: die raumzeitlich-einmalig angeordnete oder konfigurierte einheitliche Energieform, die etwas zu dem macht, was es ist.

Information: sich in einer bestimmten Form befindende Energie.

Intelligenz: natürlich abrufbares gespeichertes Wissen gepaart mit der Fähigkeit des Durchschauens/Verstehens/Herausfindens/Erlernens/Wissens von etwas Neuem *für sich* und *in seinen möglichen Beziehungen zu Anderem*.

Intelligenz, organismische: das aus dem Spüren *der Wirkung* allen Geschehens oder aller Zufuhr unterschiedlicher psychophysischer Nahrung auf unser Wohlbefinden *als Ganzes* und *nicht auf einen* von allen uns-als-Organismus-konstituierenden Aspekten generierte Wissen und Vermögen.

interpersonell: betrifft das psychophysische Geschehen zwischen Personen.

intrapersonell: betrifft das psychophysische Geschehen innerhalb einer Person.

Kommunikation: das Geschehen, in dem Informationen zwischen empfindungs- und kognitionsfähigen Lebewesen gesendet und/oder empfangen werden.

kommunizierbar: das, was zwischen empfindungs- und kognitionsfähigen Lebewesen gesendet und/oder empfangen werden kann.

Komplexität: die Eigenschaft, aus wenigen oder mehreren Elementen zu bestehen, die wiederum auf eine oder mehrere Weisen miteinander in Beziehung oder/und Wechselwirkung stehen.

konstruieren: erschaffen, aufbauen, das Entstehen von etwas bewirken.

Leben: Gesamtbezeichnung für inhärent-zweckbestimmte, bewegungs-, veränderungs-, empfindungsfähige, selbstorganisierende, stoffwechselnde und sich fortpflanzende Körper, Gebilde oder Wesenheiten.

Lernen: der Prozess oder die Erfahrung, der/die zu neuem Wissen oder/und Sein führt.

Lernen, autotelisches: Lernaktivität, die selbst schon das Ziel oder/und die Erfüllung ihres Stattfindens ist.

Lernen, organismisches: durch die gesamt-organismische Intelligenz gesteuerte und durch gesamt-organismische Erfahrung generierte Wissens- oder/und Seinsveränderung.

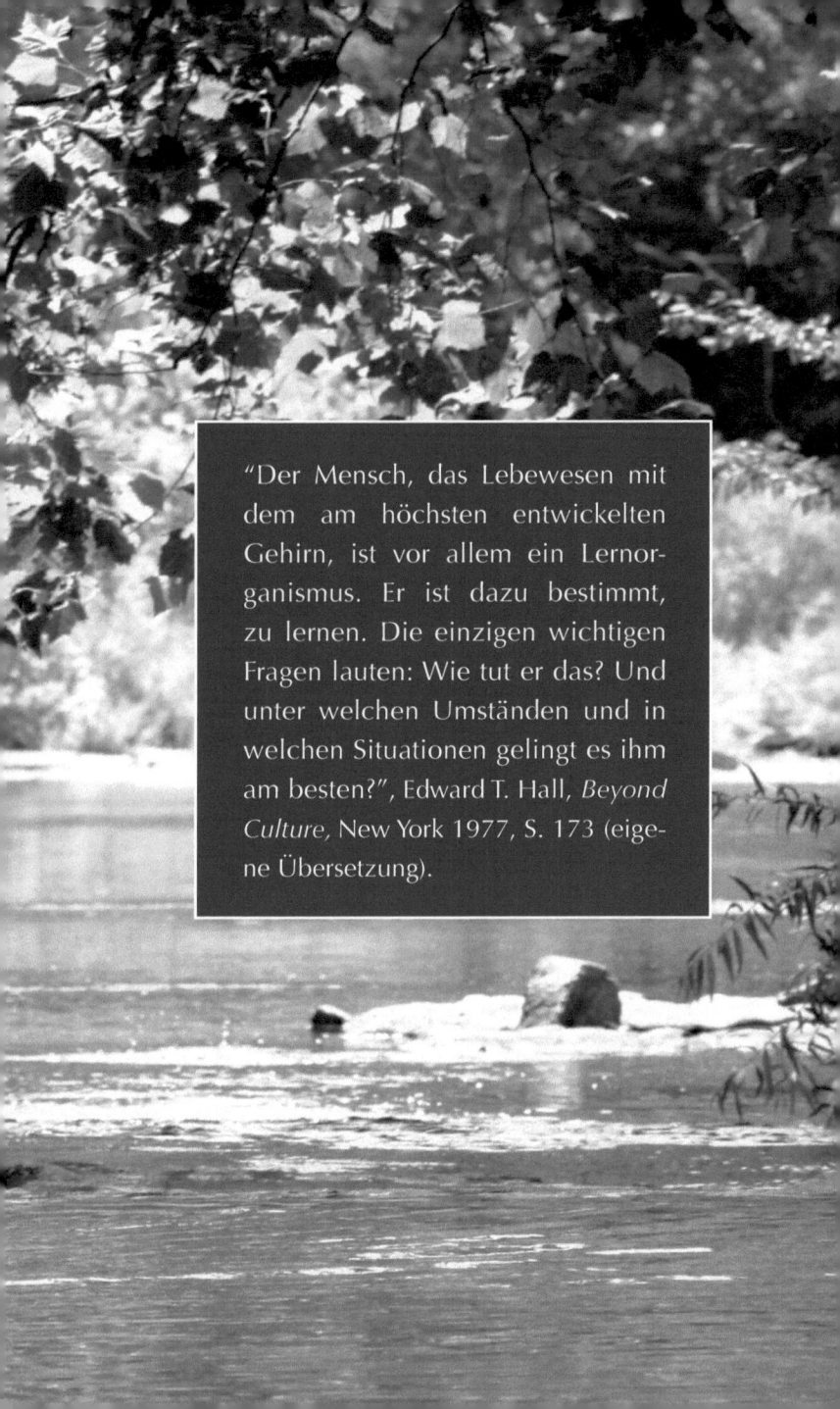

"Der Mensch, das Lebewesen mit dem am höchsten entwickelten Gehirn, ist vor allem ein Lernorganismus. Er ist dazu bestimmt, zu lernen. Die einzigen wichtigen Fragen lauten: Wie tut er das? Und unter welchen Umständen und in welchen Situationen gelingt es ihm am besten?", Edward T. Hall, *Beyond Culture,* New York 1977, S. 173 (eigene Übersetzung).

Lernintelligenz: die Fähigkeit zu (1) dem ganzheitlichen Erkennen, Wahrnehmen, Fühlen und Verstehen (1.1) der eigenen authentischen Motivation, (1.2) der authentischen Wirklichkeit und (1.3) des Verhältnisses der eigenen authentischen Motivation zur authentischen Wirklichkeit, (2) dem vollständigen Entwerfen einer lebendigen Strategie zur Harmonisierung dieses Verhältnisses und (3) dem unerschütterlichen Vollziehen der entworfenen Strategie.

Lernökonomie: für effektives Lernen ist es notwendig, dass sich die Zeit- und Energieinvestition zum Erlernen von etwas daran orientieren, was die *einfachste* Möglichkeit zum Erlernen von diesem Etwas darstellt, wenn (1) unter ‚einfach' das wirklich *Notwendige* verstanden wird, und nicht mehr oder *weniger,* und (2) sich die Beschaffenheit des Einfachsten aus *allen* jeweils *relevanten* endo- und exomathemischen Komponenten bestimmt.

Lernziel: der durch einen Lernprozess zu erreichende neue Wissens- und/oder Seinszustand.

Liebe: auf jemanden oder etwas bezogene oder bezugslose (1) bedingungslose, (2) das eigene Ich beinhaltende, nährende und auflösende, (3) grundexistentiell-wonnige und "unerträglich"-glückselige *Bejahungsunendlichkeit.*

Mathem: der möglichst genau identifizierte/definierte Inhalt eines Lernziels.

Mathetik: die Wissenschaft vom Lernen (**manthanein** = lernen).

Mensch: ein Organismus, der biologisch-anatomisch der Homo-Sapiens-Gattung angehört und Sprach-, Vernunft- und Empfindungsintelligenz besitzt.

Motivation: aus einer Motiviertheit herrührend vorhandene Bewegungskraft zu etwas hin.

Motiviertheit: das Empfinden einer bedürfnisgenerierten Unruhe.

Neugier: das Bedürfnis, etwas zu erfahren bzw. zu wissen.

Notwendigkeit: das, was geschehen oder vorhanden sein muss, damit etwas anderes geschehen oder vorhanden sein kann.

ontisch: das (hier: das ganze *psychophysische*) Sein betref- fend.

Ordnung: die von einem bestimmten System abhängige/re- levante und relationale Beschaffenheit und Eingerichtetheit eines oder mehrerer Elemente dieses Systems.

Organisation: der Akt des Organisierens oder/und ein or- ganisierendes Geschehen oder der Zustand der Organisiert- heit.

organisieren: ein System in *solch eine günstige Ordnung* bringen, dass dieses System eine fließende Funktionalität oder *alle Eigenschaften eines gesunden lebendigen Organis- mus* aufweist.

organismisch: einem Organismus zugehörig oder ihn betreffend.

Organismizität: organismische Wirklichkeit, Potentialität und Intelligenz.

Organismus: ein Lebewesen oder ein komplexes lebendiges System, das aus miteinander zusammenhängenden Elementen besteht, deren Eigenschaften und Beziehungen zueinander von einem dem Lebewesen/System als Ganzes dienenden und diesem innewohnenden zweckbestimmten (Existenzbestimmungs-) Kompass „entschieden" werden.

Person: ein Würde tragender und Freiheit empfindender Mensch.

phänomenologisch: die Dimension des Erlebten, so wie dieses uns (subjektiv) bewusst erscheint.

physisch: körperlich oder/und materiell.

priorisieren: die Stufen eines mehrstufigen Geschehens oder die einzelnen Elemente einer Liste hinsichtlich ihres Vorrangs auflisten.

Priorität: das, was den Vorrang hat.

Prozess: ein mehrstufiges Geschehen.

psychisch: geistig-seelisch.

psychophysisch: geistig-seelisch-körperlich.

Realität: alles, was existiert.

Repräsentation: die gleiche Darstellung von etwas mit Mitteln einer anderen Ebene/Dimension als ihm zugehörig.

Schulasthenie: die Schwäche oder Schwierigkeit darin, (a) *lerninspirierend* und *lernintelligent* zu wirken oder/und (b) Lerninhalte *angemessen*, d.h. *empfängerzentriert* zu vermitteln.

schulen: so wirken oder tätig sein, dass der/die Geschulte lernintelligente Hilfe, Unterstützung, Begleitung oder/und Wissen *darin* und *darüber* bekommt, wie die eigenen Lernbedürfnisse *organismisch weise* zu realisieren sind.

Schulintelligenz: die Fähigkeit, Andere begeistert, lernintelligent, interpersonell-lernintelligent und empfängerzentriert zu schulen.

seelisch: die Identität oder/und Selbstwahrnehmung oder/und Befindlichkeit eines Organismus *emotional* betreffend.

Selbst/Ich: die *alles Wahrgenommene und Erlebte empfangende/einschließende* und *sich als die eigene Identität erlebende* Energie-Ausdehnung eines ausreichend entwickelten Organismus.

selbstbewusst: der Zustand, bei dem ein Organismus sich selbst im Radius seines Bewusstseins oder seiner Aufmerksamkeit einschließt.

Selbstbewusstsein: das sich-selbst-Spüren eines Ichs.

Selbstliebe: auf sich selsbt bezogene (1) bedingungslose, (2) das eigene Ich beinhaltende, nährende und auflösende, (3) grundexistentiell-wonnige und "unerträglich"-glückselige *Bejahungsunendlichkeit*.

spüren oder empfinden: eine energetische Anordnungsweise oder -transformation psychisch oder/und physisch merken.

signifikant: mit Bedeutung und Sinn oder/und Bedeutsamkeit versehen, einen Inhalt zeigend (**signum** = Zeichen, **significare** = zeigen).

Struktur: die bestimmte Art und Weise des Zusammenhängens oder der Verbundenheit aller Elemente eines Systems miteinander.

System: ein aus miteinander zusammenhängenden Elementen bestehendes einheitliches Ganzes.

Transformation: das Umgewandeltwerden der Beschaffenheit oder/und der Gestalt oder/und der Struktur oder/und des Wesens bzw. der Identität von etwas.

Umwandlung: der Prozess, durch den etwas in eine zeitlich neue Gestalt oder/und Beschaffenheit kommt.

Verstehen: das Wahrnehmen oder/und Empfinden oder/und Werden der Identität, der Bedeutung, des Inhalts oder/und des Wesens von etwas.

Veränderung: quantitative oder/und qualitative Umwandlung oder Transformation energetischer Anordnungen oder manifestierter Konfigurationen.

Wahrnehmung: das bipolare Geschehen, durch das einem Subjekt, d.h. einem psychophysischen Empfänger, Objekte, d.h. Elemente der inneren oder äußeren Realität, mittels empfindsamer Träger, wie z.B. der Sinne, auf mehr oder weniger konkrete Weise in ihrer Identität bewusst werden.

Wichtigkeit: die vom Grad seiner Notwendigkeit zur Erfüllung eines Bedürfnisses bestimmte Qualität von etwas.

Wissen: natürlich abrufbare und zu-etwas-befähigende lebendige Information oder Gesamtheit von Informationen.

Wille: der Inhalt des Wollens.

Wollen: das Spüren von Motiviertheitsenergie.

Zeit: die „Länge" des Existierens von etwas oder die „Länge" eines Geschehens.

Zwang: eine uns beherrschende, beeinflussende oder einschränkende Kraft oder Gegebenheit, die nicht aus unserer eigenen Motivation entspringt.

Zitierte Literatur

Stafford Beer, *Designing Freedom*, 1974, Toronto 1993.

Peter F. Drucker, *Was ist Management?*, München 2002.

Heinz von Foerster, *Wahrheit ist die Erfindung eines Lügners*, Heidelberg 1998.

Erich Fromm, *Authentisch leben*, Freiburg i.B. 2000.

Ernst von Glasersfeld, *Radikaler Konstruktivismus*, Frankfurt a.m. 1997.

James Gleick, *Isaac Newton, Die Geburt des modernen Denkens*, Düsseldorf 2004.

Hafis, *Die Liebe erleuchtet den Himmel*, Düsseldorf.

Edward T. Hall, *Beyond Culture*, New York 1977.

John Holt, *Kinder lernen selbstständig*, 1970, Weinheim & Basel 1999.

Immanuel Kant, *Kritik der Urteilskraft*, Riga 1781.

Abraham A. Maslow, *Psychologie des Seins*, 1968, Frankfurt a.M. 1985.

Matt Ridley, *Genome*, New York 2006.

Carl R. Rogers, *Entwicklung der Persönlichkeit*, Stuttgart 1998.

Carl R. Rogers, *Lernen in Freiheit*, München 1974.

Benediktus de Spinoza, *Ethica*, 1677 - Baruch de Spinoza, *Ethik*, Hamburg 1999.

Ioannis Tzivanakis, *Lernintelligenz – Eine Einführung*, Lernintelligenz-Magazin Nr. 0, Hamburg 2006.

Ioannis Tzivanakis, *Über das Entscheiden*, Lernintelligenz-Magazin, Nr. 2, Hamburg 2007.

Über den Autor

Ioannis Tzivanakis ist 1966 in Griechenland geboren. Seine frühe Kindheit verbrachte er in Deutschland, absolvierte dann Grundschule und Gymnasium in Griechenland, kehrte 1985 nach Deutschland zurück und studierte Linguistik und Sprachphilosophie an der Universität Bremen. Seine Schwerpunkte waren Semantik, Bewusstseinsforschung und Ganzheitlichkeit.

Seit 1996 ist er als Ausbildungsleiter und Lernberater in den Bereichen Lernintelligenz, Lernprobleme, Legasthenie, Dyskalkulie und ADHS in Deutschland, Frankreich und weiteren europäischen Ländern tätig.

2000 verfasste und publizierte er das „Wörterbuch der bildlosen Wörter".

2006 und 2007 gab er vier Ausgaben des Lernintelligenz-Magazins heraus zu den Themen Lerngrundlagen, Lernintelligenz, Management und Spiritualität.

Weitere Informationen über seine Arbeit sowie über aktuelle Entwicklungen sind laufend abrufbar unter:

www.tzivanakis.com